Ingmar Bergman

Herbstsonate

Aus dem Schwedischen
von Heiner Gimmler

Hoffmann und Campe

Titel der Originalausgabe: Höstsonaten
Erschienen bei P. A. Norstedt & Söner, Stockholm 1978
© Ingmar Bergman 1978

Die Fotografien stammen von Arne Carlsson.

CIP-Kurztitelaufnahme der Deutschen Bibliothek

Bergman, Ingmar:
Herbstsonate/Ingmar Bergman. Aus d. Schwed. von Heiner
Gimmler. (Die Fotogr. stammen von Arne Carlsson). –
1.–10. Tsd. – Hamburg: Hoffmann und Campe, 1978.
    Einheitssacht.: Höstsonaten ‹dt.›
    ISBN 3-455-00334-6

© Hoffmann und Campe Verlag, Hamburg 1978
Umschlag Werner Rebhuhn
Gesetzt aus der Cicero Garamond-Antiqua
Gesamtherstellung Hanseatische Druckanstalt
GmbH, Hamburg
Printed in Germany

Prolog

VIKTOR: Manchmal stehe ich da und betrachte meine Frau, ohne daß sie es weiß. Am liebsten sitzt sie dort drüben am Eckfenster; ich glaube, jetzt schreibt sie gerade einen Brief an ihre Mutter. Als sie das erstemal dieses Zimmer betrat, sagte sie: »Hier ist es schön, hier will ich bleiben.« Wir kannten uns damals erst seit ein paar Tagen von einer Bischofskonferenz in Trondheim, an der sie als Vertreterin irgendeiner kirchlichen Zeitung teilgenommen hatte. Wir waren bei einem Mittagessen ins Gespräch gekommen, und ich hatte ihr von dem Pfarrhaus hier draußen erzählt. Sie war sehr interessiert, und ich schlug ihr deshalb vor, nach Schluß der Konferenz, an einem Vormittag hierherzufahren. Unterwegs fragte ich sie, ob sie mich heiraten würde. Sie antwortete nicht, aber als wir dieses Zimmer betraten, drehte sie sich um und sagte zu mir: »Hier ist es schön, hier will ich bleiben.« Seitdem haben wir hier im Pfarrhaus ein glückliches und zufriedenes Leben geführt. Eva hat mir natürlich von ihrer Vergangenheit erzählt. Nach dem Abitur stu-

dierte sie an der Universität, verlobte sich mit einem Arzt und lebte mehrere Jahre mit ihm zusammen; sie schrieb zwei kleine Bücher, erkrankte an Tuberkulose, löste die Verlobung und zog von Oslo in eine kleine Stadt im Süden Norwegens, wo sie anfing, als Journalistin zu arbeiten. *(Blättert in einem kleinen Buch.)* Das ist das erste ihrer beiden Bücher; ich mag es besonders gern. Sie schreibt darin: »Man muß lernen zu leben; ich übe jeden Tag. Die größte Schwierigkeit ist, daß ich nicht weiß, wer ich bin; ich tappe im dunkeln. Wenn mich jemand liebte, wie ich wirklich bin, würde ich vielleicht endlich den Mut haben, mich selbst anzusehen.« *(Hört auf zu lesen.)* Ich wünschte, ich könnte ihr ein einziges Mal sagen, daß sie ohne jeden Vorbehalt geliebt wird, aber ich kann es nicht so sagen, daß sie mir glaubt; mir fehlen die richtigen Worte.

EVA: Ich habe Mama einen Brief geschrieben. Darf ich ihn dir vorlesen, oder störe ich dich gerade?

VIKTOR: Nein, nein, komm herein und setz dich. Wir machen Licht. Jetzt merkt man wirklich, daß es Herbst ist. Warte, ich schalte nur das Radio aus; ein Nachmittagskonzert.

EVA: Wenn du das Konzert zu Ende hören willst, kann ich auch später kommen.

VIKTOR: Ich will viel lieber, daß du mir den Brief vorliest.

EVA *(liest)*: »Gestern war ich in der Stadt, und zufällig traf ich Agnes, die mit Mann und Kindern gerade bei ihren Eltern zu Besuch war. Sie erzählte mir, daß Leonardo gestorben ist. Liebste kleine Mama! Ich weiß, wie furchtbar das für Dich sein muß. Agnes hat mir auch gesagt, daß Du zufällig gerade in Ascona warst, weil Du zwischen zwei Konzerttourneen ein paar Tage frei hattest. Ich habe Paul angerufen und von ihm Deine Adresse bekommen. *(Pause)* Ich weiß nicht, aber vielleicht hättest Du Lust, zu uns nach Bindal zu kommen – für ein paar Tage oder Wochen, ganz wie Du willst und magst. Damit Du nicht zu sehr erschrickst und auf der Stelle nein sagst, kann ich Dir versichern, daß das Pfarrhaus wirklich sehr groß ist. Du hast dein eigenes Zimmer, ganz für sich gelegen und mit allem, was dazu gehört. Hier ist es Herbst; ein paarmal haben wir schon Nachtfrost gehabt, die Birken färben sich gelb und rötlich, im Moor pflücken wir die letzten Multbeeren. Noch aber lassen die Stürme auf sich warten, und es werden sicher noch viele klare, milde Tage kommen. Wir haben einen sehr guten Flügel, und Du kannst üben, soviel Du willst. Wäre das nicht schön, für ein paar Wochen mal nicht im Hotel leben zu müssen? Liebste Mama, sag, daß Du kommst! Wir werden Dich hegen und pflegen und Dich auf jede erdenkliche Weise verwöhnen. Wir haben uns schrecklich lange nicht gesehen. Im Oktober sind es sieben Jahre! Liebe Grüße von Viktor und Deiner Tochter Eva.«

2

CHARLOTTE *trifft früher ein als erwartet. Es ist elf Uhr vormittags, als sie vor dem langen gelben Gebäude des Pfarrhauses vorfährt.* EVA *befindet sich gerade auf dem Treppenabsatz zwischen den beiden Etagen. Durch das Fenster sieht sie, selber unsichtbar, wie ihre Mutter langsam aus dem Auto steigt und unschlüssig vor dem Kofferraum stehenbleibt. Einen Augenblick Bewegungslosigkeit.*

EVA *(draußen)*: Liebste kleine Mama, willkommen. Wie schön, daß du da bist. Ich kann gar nicht glauben, daß es wahr ist. Jetzt bleibst du aber lange, nicht wahr? Mein Gott, was für schwere Koffer. Hast du auch alle deine Noten mit? Wie ich mich freue. Jetzt gibst du mir bestimmt ein paar Stunden. Das tust du, nicht wahr? Mamachen, du siehst so müde aus. Kein Wunder, nach so einer langen Autofahrt. Viktor ist im Augenblick nicht zu Hause, wir hatten dich nicht so früh erwartet.

3

CHARLOTTE: Ich bin bis zuletzt bei Leonardo geblieben. Er hatte starke Schmerzen, obwohl er alle zwei Stunden eine Spritze bekam. Manchmal weinte er, aber er hatte keine Angst vor dem Tod; er weinte nur, weil es so weh tat. Der Tag verging, und der Abend kam. Vor dem Krankenhaus wurden irgendwelche Bauarbeiten durchgeführt; es wurde gebohrt und gehämmert und Lärm gemacht, die Sonne brannte, es gab keine Vorhänge oder Rollos. Der arme Leonardo! Es war ihm so peinlich, daß er einen unangenehmen Geruch verbreitete. Wir versuchten, ein anderes Zimmer zu bekommen, aber mehrere Stationen waren wegen Renovierung geschlossen. Gegen Abend hörte der Lärm von der Baustelle auf, und als die Sonne untergegangen war, konnte ich das Fenster öffnen. Draußen stand die Hitze wie eine Wand; vollkommene Windstille. Der Professor kam; er ist ein alter Freund von Leonardo. Er setzte sich auf den Stuhl am Kopfende des Bettes und sagte, jetzt würde es nicht mehr lange dauern, dann bekäme er alle halbe Stunde

eine Spritze, damit er ohne Schmerzen einschlafen könne. Der Professor strich Leonardo über
die Wange und sagte, er ginge am Abend in ein
Brahms-Konzert, würde aber hinterher noch
einmal vorbeischauen. Leonardo fragte, was
gespielt würde, und als der Professor sagte, es
gäbe das Doppelkonzert mit Schneiderhan und
Starker, bat ihn Leonardo, er möge János
herzlich von ihm grüßen und ihm ausrichten, er
würde ihm sein Coltermann-Cello schenken;
das habe er schon lange vorgehabt. Dann ging
der Professor, und die Stationsschwester kam
und gab Leonardo eine Spritze. Sie meinte, ich
müßte etwas essen, aber ich war nicht hungrig;

mir war nur schlecht von dem Geruch. Leonardo schlief einige Minuten. Als er aufwachte, bat er mich, aus dem Zimmer zu gehen. Gleichzeitig klingelte er nach der Nachtschwester. Sie kam sofort mit einer Spritze. Wenige Augenblicke später trat sie hinaus zu mir auf den Gang und sagte, daß Leonardo tot sei. Ich saß die ganze Nacht bei ihm. *(Pause)* Ich dachte daran, daß er achtzehn Jahre lang mein Freund gewesen war, daß wir dreizehn Jahre lang zusammen gelebt hatten, daß wir nie ein böses oder heftiges Wort gewechselt hatten. Zwei Jahre lang hatte er gewußt, daß er sterben würde, daß es keine Hoffnung gab. Ich besuchte ihn, so oft ich konnte, in seiner Villa außerhalb von Neapel. Er war freundlich und rücksichtsvoll und freute sich über meine Fortschritte. Wir redeten und lachten miteinander und machten ein wenig Kammermusik; über seine Krankheit sprach er fast nie, und ich wollte nicht fragen, weil er das nicht mochte. Eines Tages sah er mich lange an; dann lachte er und sagte: »Nächstes Jahr um diese Zeit bin ich weg, aber ich werde immer bei dir bleiben, ich werde immer an dich denken.« Das war merkwürdig von Leonardo, aber manchmal war er gern ein bißchen theatralisch. *(Pause)* Ich kann nicht behaupten, daß ich wirklich trauere. Sein Tod kam erwartet, ja erhofft. Natürlich fühlt man sich hin und wieder etwas leer. Aber man darf sich nicht vergraben. *(Lacht.)* Findest du mich sehr verändert in diesen sieben Jahren, seit wir uns nicht gesehen haben? Ich färbe mir natürlich die Haare; Leonardo wollte mich nicht grauhaarig. Aber sonst bin ich dieselbe, findest du nicht? Diesen Hosenanzug hier habe ich in Zürich gekauft. Ich wollte etwas Bequemes für die lange Autofahrt. Ich sah ihn in einem Schaufenster in der Bahnhofstraße; ich ging hinein und zog ihn über, und er saß wie angegossen und war unglaublich billig. Findest du nicht, daß er ganz hübsch ist?

EVA: Ja, liebste Mama, er ist sehr hübsch.

CHARLOTTE: Jetzt muß ich auspacken. Kannst du mir vielleicht bei diesem Koffer helfen? Er ist sauschwer, und mir tut der Rücken verdammt weh nach der langen Fahrt. Glaubst du, man kann hier irgendwo ein Brett auftreiben, um es unter die Matratze zu legen? Du weißt, ich muß hart liegen.

EVA: Das Brett liegt schon unter der Matratze. Wir haben es gestern dahin gelegt.

CHARLOTTE: Wunderbar. *(Erstaunt)* Eva, mein Kleines, was hast du? Weinst du? Doch, laß mich sehen. Bist du traurig? Mein Kleines, bist du traurig? Habe ich etwas Dummes gesagt? Du weißt doch, wie ich immer rede.

EVA: Ich weine nur, weil ich so froh bin, daß du da bist.

CHARLOTTE: Jetzt umarmen wir uns erst einmal

ganz fest, so wie damals, als du klein warst. Ich rede die ganze Zeit nur von mir. Jetzt mußt du erzählen, meine kleine liebe Eva. Laß dich anschauen. Schrecklich mager bist du geworden in den letzten Jahren. Jetzt sehe ich auch, daß du nicht richtig glücklich bist. Da mußt du mir aber erzählen, warum du traurig bist. Komm, wir setzen uns. Hast du etwas dagegen, wenn ich eine Zigarette rauche? Wie geht es dir eigentlich, meine kleine Eva?

EVA: Mir geht es gut. Sehr gut.

CHARLOTTE: Seid ihr hier nicht sehr isoliert?

EVA: Viktor und ich arbeiten beide in der Kirchengemeinde.

CHARLOTTE: Ja, natürlich.

EVA: Ich spiele oft in der Kirche. Letzten Monat habe ich einen richtigen Musikabend gegeben. Ich spielte und sprach über das, was ich spielte. Es war ein großer Erfolg.

CHARLOTTE: Du darfst nicht vergessen, mir etwas vorzuspielen. Wenn du Lust hast, natürlich.

EVA: Aber gern.

CHARLOTTE: In der Music Hall von Los Angeles habe ich fünf Schulkonzerte gegeben. Jedesmal vor dreitausend Kindern. Ich spielte und sprach dazu. Du kannst dir nicht vorstellen, was das für ein Erfolg war! Aber fürchterlich anstrengend.

EVA: Mama, ich muß dir etwas sagen.

CHARLOTTE: Ja.

EVA: Helena ist hier. *(Pause)*

CHARLOTTE *(böse)*: Das hättest du mir schreiben sollen. Ich finde es nicht richtig von dir, mich vor vollendete Tatsachen zu stellen.

EVA: Wenn ich dir geschrieben hätte, daß sie hier ist, wärst du nicht gekommen.

CHARLOTTE: Ich bin sicher, ich wäre auf jeden Fall gekommen.

EVA: Ich bin sicher, du wärst nicht gekommen.

CHARLOTTE: Ist Leonardos Tod nicht genug? Mußte auch die arme Lena noch hergeschleppt werden?

EVA: Lena wohnt seit zwei Jahren hier. Ich hatte dir geschrieben, daß Viktor und ich Lena fragen wollten, ob sie bei uns wohnen wolle. Das hatte ich dir geschrieben.

CHARLOTTE: Den Brief habe ich nie bekommen.

EVA: Oder du hast ihn nie gelesen.

CHARLOTTE *(plötzlich ruhig)*: Ist das nicht ein ziemlich ungerechter Vorwurf?

EVA: Ja.

CHARLOTTE: Ich kann sie nicht sehen. Jedenfalls nicht heute.

EVA: Mamachen! Lena ist ein wunderbarer Mensch. Nur das Sprechen fällt ihr etwas schwer. Aber ich habe inzwischen gelernt, sie zu verstehen. Ich kann mitkommen und dir erklären. Sie will dich so schrecklich gern sehen.

CHARLOTTE: Herrgott, sie hatte es doch sehr gut in dieser Anstalt für Unheilbare.

EVA: Aber ich hatte Sehnsucht nach ihr.

CHARLOTTE: Bist du sicher, daß sie es bei dir besser hat?

EVA: Ja, das hat sie, und ich habe jemand, um den ich mich kümmern kann.

CHARLOTTE: Ist es schlimmer mit ihr geworden? Ich meine, hat sie...? Ist sie...? Ich meine: schlimmer?

EVA: Natürlich ist es schlimmer geworden. Das gehört ja zu ihrer Krankheit.

CHARLOTTE: Gut, dann laß uns jetzt zu ihr gehen.

EVA: Willst du wirklich?

CHARLOTTE (*lächelt*): Ich finde es schrecklich unangenehm, aber ich habe keine Wahl.

EVA: Mama!

CHARLOTTE: Ich habe immer Schwierigkeiten mit Leuten gehabt, die sich über ihre Motive nicht im klaren sind.

EVA: Meinst du mich?

CHARLOTTE: Nimm es, wie du willst. Gehen wir.

4

CHARLOTTE: Lena, mein Liebes! Laß dich umarmen und küssen. So, jetzt nehme ich deine Arme und lege sie um meine Schultern. Ich habe so oft an dich gedacht, jeden Tag.

HELENA *sagt etwas.*

EVA: Helena sagt, daß sie Halsschmerzen hat und dich nicht anstecken will.

CHARLOTTE *(küßt sie wieder)*: Aber ich habe doch keine Angst vor Bazillen. Zwanzig Jahre ist es her seit meinem letzten Schnupfen. Was für ein schönes Zimmer du hast! Und diese Aussicht! Dieselbe Aussicht habe ich auch von meinem Zimmer.

HELENA *sagt etwas.*

EVA: Lena sagt, ich soll ihr die Brille abnehmen, damit du sie richtig sehen kannst.

CHARLOTTE: Ich sehe dich doch auch so.

HELENA *sagt etwas.*

EVA: Sie möchte, daß du ihren Kopf in beide Hände nimmst und sie dann ansiehst.

CHARLOTTE: Ist es so gut?

HELENA: Ja.

CHARLOTTE: Ich bin so froh, daß Eva sich um

dich kümmert. Ich hatte ja keine Ahnung. Ich dachte, du wärst noch in dem Heim. Ich hatte mir schon vorgenommen, dich vor meiner Abreise zu besuchen. Aber so ist es ja viel besser, nicht wahr?

HELENA: Ja.

CHARLOTTE: Jetzt können wir jeden Tag zusammen sein.

HELENA (*glücklich*): Ja.

CHARLOTTE: Hast du Schmerzen?

HELENA: Nein.

CHARLOTTE: Wie schön du dein Haar hast!

HELENA *sagt etwas*.

EVA: Dir zu Ehren, Mama.

CHARLOTTE: Ich lese gerade ein sehr gutes Buch über die Französische Revolution. Wenn du willst, lese ich dir vor. Wir können zusammen auf der Veranda sitzen, und ich lese dir vor. Würde dir das gefallen?

HELENA: Ja.

CHARLOTTE: Und dann können wir beide mit dem Auto einen Ausflug machen. Ich kenne diese Gegend ja noch gar nicht.

HELENA: Ja.

CHARLOTTE: Ich habe so oft an dich gedacht.

HELENA *sagt etwas und lacht.*

CHARLOTTE: Was hat sie gesagt?

EVA: Lena sagt, du wirst bestimmt sehr müde sein, und du sollst dich heute nicht mehr anstrengen. Sie meint, du bist sehr tüchtig gewesen.

CHARLOTTE: Hat Lena keine Uhr?

EVA: Doch, natürlich. Sie hat eine Uhr am Bett.

CHARLOTTE: Hier, Lena, ich schenke dir meine Armbanduhr. Ich habe sie von einem Verehrer, der meinte, ich sei immer unpünktlich. Ißt Lena mit uns zu Mittag?

EVA: Nein, ich gebe ihr die Hauptmahlzeit meist gegen Mittag. Außerdem macht sie gerade eine Diät. Im Krankenhaus hat sie viel zuviel gegessen.

HELENA *sagt etwas.*

EVA: Lena sagt...

CHARLOTTE: Warte, ich weiß, was Lena sagen will: Da ist ein Schmetterling zwischen den Fenstern! Habe ich recht?

5

CHARLOTTE *(allein):* Warum fühle ich mich so fiebrig? Warum möchte ich immer nur weinen? So etwas Idiotisches. Ich soll Schuld haben, das ist es. Und ein schlechtes Gewissen. Ständig, ständig ein schlechtes Gewissen. Ich hatte es so eilig, hierherzukommen. Was habe ich mir bloß dabei gedacht? Wonach habe ich mich denn so verzweifelt gesehnt, ohne es mir selbst einzugestehen? Jetzt gehe ich unter die Dusche, und dann schlafe ich eine Stunde; auf jeden Fall lege ich mich hin und döse. Und dann ziehe ich mir zum Mittagessen etwas Hübsches an, so daß Eva gezwungen sein wird, zuzugeben, daß sich ihre alte Mutter ganz gut gehalten hat. Es ist doch völlig sinnlos, jetzt zu weinen; es ist ja schon nach vier. Verdammt noch mal. Da hat sie gesessen und mich mit ihren großen Augen angesehen. Ich hielt ihr Gesicht in meinen Händen, und ich spürte, wie die Krankheit ihre armen Halsmuskeln durchzuckte. Verdammt noch mal, daß ich sie nicht einfach hochnehmen und in mein Bett tragen und sie trösten kann, wie damals, als sie drei war.

21

Dieser gequälte, weiche Körper, das ist ja meine Lena. Nicht weinen jetzt, zum Teufel. Es ist schon Viertel nach vier. Jetzt dusche ich, dann komme ich auf andere Gedanken. Ich werde meinen Besuch abkürzen. Aber vier Tage gehen. Das schaffe ich. Und dann fliege ich nach Afrika, wie ich ursprünglich vorhatte. Es tut weh. Weh. Weh. Moment mal. Tut es nicht ebenso weh wie im zweiten Satz der Bartók-Sonate? *(Summt vor sich hin.)* Ja, natürlich. Ich habe diese Takte immer zu schnell gespielt. Natürlich. So muß es gehen: Auftakt pam-pam, und dann kommt eine ganze Kette von Schmerzen. Langsam, aber ohne Tränen, denn es gibt keine Tränen mehr oder hat sie nie gegeben. So ist es. Wenn das stimmt, dann hat mein Besuch in diesem Pfarrhaus wenigstens einen Sinn gehabt. Jetzt ziehe ich mein rotes Kleid an, und das tue ich, um Eva zu ärgern, denn sie meint bestimmt, ich sollte etwas Passenderes tragen, so kurz nach Leonardos Tod. Mein Körper ist jedenfalls tadellos. Er ist vielleicht nicht so irrsinnig elegant, aber es ist ein warmer und angenehmer Körper. Wenn ich in Afrika bin, werde ich… Oder vielleicht sollte ich nach Kreta fahren und Harold besuchen. *(Lacht.)* Er ist zwar ein Schwein, der gute Harold, aber er kocht fabelhaft, und außerdem weiß er zu leben. Ich werde ihn heute abend anrufen, ja, das mache ich, das wird eine Erlösung sein, nach vier Stunden christlicher Erbaulichkeit. *(Plötzlich)* Warum bin ich so böse? Ich bin die ganze Zeit nur gemein. Eva und Viktor waren doch nur nett zu mir und haben mir gezeigt, wie sehr sie sich über meinen Besuch freuen. Und Viktor ist wirklich ein netter Mensch. Eva, die alte Heulsuse, kann von Glück sagen, daß sie so einen netten Kerl bekommen hat. Paß auf, die Dusche funktioniert bestimmt auch nicht! Kaum zu glauben, sie geht.

6

EVA: Diese Mutter ist mir ein Rätsel! Du hättest sie sehen sollen, als ich ihr sagte, daß Lena bei uns wohnt. Du hättest sie sehen sollen. Sogar ein Lächeln hat sie zustande gebracht, trotz Schreck und Überraschung. Und dann, als wir vor Lenas Tür standen: eine Schauspielerin vor ihrem Auftritt, vor Angst fast wahnsinnig, aber völlig konzentriert. Die Vorstellung war souverän. Glaubst du, daß meine Mutter absolut gefühllos ist? Warum ist sie bloß gekommen? Was hat sie sich von einem Wiedersehen nach sieben Jahren erwartet? Was habe ich mir erwartet? Hört man denn nie auf, zu hoffen?

VIKTOR: Ich glaube, nein.

EVA: Hört man denn nie auf, Mutter und Tochter zu sein?

VIKTOR: Einige schaffen es vielleicht.

EVA: Es ist wie ein riesiges Gespenst, das sich plötzlich auf einen stürzt, wenn man die Tür zum Kinderzimmer öffnet, denn es ist und bleibt die Tür zum Kinderzimmer, auch wenn man es längst vergessen hat. Glaubst du, daß ich erwachsen bin?

VIKTOR: Ich weiß nicht, was erwachsen sein heißt.

EVA: Das weiß ich auch nicht.

VIKTOR: Erwachsen sein heißt wohl, mit seinen Träumen und Hoffnungen umgehen zu können. Man sehnt sich nicht mehr.

EVA: Glaubst du?

VIKTOR: Man hört vielleicht auf, sich zu wundern.

EVA: Du siehst so vernünftig aus, wie du da sitzt mit deiner alten Pfeife. Du bist bestimmt ganz erwachsen.

VIKTOR: Das glaube ich nicht. Ich wundere mich jeden Tag.

EVA: Worüber?

VIKTOR: Über dich zum Beispiel. Außerdem habe ich ganz unvernünftige Träume und Hoffnungen. Und eine Art Sehnsucht.

EVA: Sehnsucht?

VIKTOR: Ich habe Sehnsucht nach dir.

EVA: Das sind wunderschöne Worte, ist es nicht so? Ich meine: Worte, die nicht wirklich etwas bedeuten. Ich bin mit schönen Worten aufgewachsen. Das Wort »Schmerz« zum Beispiel. Mama war nie wütend oder enttäuscht oder unglücklich, sondern sie fand es »schmerzlich«. Du hast auch lauter solche Worte. Bei dir ist es wohl eine Art Berufskrankheit. Wenn du sagst, daß du Sehnsucht nach mir hast, obwohl ich hier vor dir stehe, dann werde ich mißtrauisch.

VIKTOR: Du weißt genau, was ich meine.

EVA: Nein. Wenn ich das wüßte, würdest du nie auf die Idee kommen und sagen, daß du Sehnsucht nach mir hast.

VIKTOR *(lächelt)*: Das ist wahr.

EVA: Was beweist, daß ich mindestens so klug bin wie du, wenn nicht klüger, was jedoch an und für sich nicht viel besagt. So, jetzt muß ich in die Küche und mich um den Kalbsbraten kümmern. Mama ist der festen Ansicht, daß ich eine miserable Köchin bin. Sie ist sehr wählerisch. Einmal war ich dabei, als sie eine ganze Nacht lang mit einem amerikanischen Impresario über die Zubereitung von Soßen diskutierte. Die beiden gerieten richtig in Ekstase.

VIKTOR: Ich finde, du kochst...

EVA: ...wunderbar. Danke, mein Schatz. Ich darf übrigens für meine liebe Mama den koffeinfreien Kaffee nicht vergessen. Ich habe mich oft gefragt, warum sie unter Schlaflosigkeit leidet. Ich glaube, jetzt weiß ich es. Wenn diese Frau einen normalen Schlaf hätte, würde sie die Umwelt mit ihrer Vitalität zugrunde richten. Die Schlaflosigkeit ist also ein Regulativ der Natur, um ihre Vitalität in einigermaßen erträglichen Grenzen zu halten. *(Geht hinaus, kommt wieder herein.)* Du mußt unbedingt sehen, wie sie sich zum Essen zurechtgemacht hat. Allein dieser perfekte Aufzug, der uns auf diskrete Weise daran erinnern soll, daß sie trotz allem eine einsame und trauernde Witwe ist!

EVA: Liebste Mama, was für ein wunderschönes Kleid!

CHARLOTTE: Findest du, daß es mir steht? Ich habe lange geglaubt, daß ich Rot nicht tragen kann, bis ich eines Tages meinen alten Freund Samuel Parkenhurst traf, und der sagte zu mir: »Charlotte, ich komme eben von Diors Herbstvorführung, da haben sie ein rotes Kleid gehabt, das bist du – wie du leibst und lebst!« Ich bat ihn, mir das Kleid zu besorgen und – es steht mir wirklich. Ich bin hungrig wie ein Wolf.

EVA: Hoffentlich schmeckt es dir. Ich habe Kalbsbraten gemacht. Den hast du früher immer gemocht.

CHARLOTTE: Phantastisch. Schon allein weil er selbst gemacht ist, nach all dem Hotelessen.

VIKTOR: Ja, dann wollen wir anstoßen. Willkommen hier im Pfarrhaus, liebe Charlotte! Herzlich willkommen. Auf dein Wohl, und daß du lange unser Gast sein mögest!

CHARLOTTE *(auf englisch)*: Hallo, bist du es, Paul?
Ja, du störst tatsächlich. Wir essen gerade.
Nein, wir essen zu Mittag. Ja, so ist es. Hier ißt
man um fünf Uhr zu Mittag. Du mußt etwas
deutlicher sprechen. Es knattert so schrecklich
in der Leitung. Wo bist du eigentlich? In Nizza!
Was machst du in Nizza? Paß bloß auf und
verspiel nicht mein Geld. Was hast du gesagt?
(Geschäftlich) Ja, das habe ich, aber die sollen ja
nicht glauben, daß es so leicht geht wie beim
letzten Mal. Sag ihnen, daß ich mit der alten
Gage einverstanden bin, plus deine Provision
und die Reisekosten. Außerdem müssen sie für
meine Ausgaben aufkommen. Es war sauteuer,
ich habe mich völlig ruiniert. Und außerdem
können sie die Proben ruhig günstiger legen.
(Sieht in ihren Kalender.) Ich komme von
München. Sie sollen am Samstag und Sonntag
vormittag probieren, wenn Varvisio auf zwei
Proben besteht. Ich denke nicht daran, mich
abzuhetzen. Die Verbindungen sind unmöglich, man sitzt den ganzen Tag auf irgendwel-
chen Flugplätzen herum. Warte, dazu brauche

ich meine Brille. Verflixt, wo habe ich sie denn hingelegt? Eva, weißt du, ob meine Brille auf dem Tisch beim Fenster liegt? Danke, Eva-Schatz. So, jetzt geht's. Jetzt hat Mutter die Brille auf der Nase. Nein, das ist ausgeschlossen. Da will ich frei sein, das weißt du genau. Du brauchst es gar nicht zu versuchen, das würde mir nie einfallen. Hier steht schon: frei, frei, frei. Wieviel bezahlen sie, hast du gesagt? Verdammt gut. Wenn sie ihr blödes Konzert auf Mittwoch legen, dann geht es. Und bestell ihnen, sie sollen endlich für eine richtige Toilette hinter dem Podium sorgen, damit ich nicht wieder wie beim letzten Mal in eine Blumenvase pinkeln muß. Ja, ja, das Barockschloß interessiert mich nicht. Gott segne dich, Paul. Dreiunddreißig Grad!? Paß gut auf dich auf, übernimm dich nicht. Denk dran, wir sind nicht mehr die Jüngsten. Ich liebe dich, das weißt du. *(Legt den Hörer auf.)* Das war mein Agent, ein wunderbarer Mensch. Der einzige Freund, den ich jetzt noch auf dieser Welt habe. Nein, danke, für mich keinen Cognac, lieber etwas später einen kleinen Whisky. Kann ich dir nicht wenigstens beim Abdecken behilflich sein?

VIKTOR: Wir haben doch gesagt, daß wir dich verwöhnen wollen.

CHARLOTTE *(setzt sich an den Flügel)*: Was für ein schönes altes Instrument! Und dieser wunderbare Klang! Und neu gestimmt! *(Spielt ein*

wenig.) Jetzt geht es mir wirklich gut. Meine
Aufregung war ganz überflüssig.

EVA: Was meinst du, Mama?

CHARLOTTE *(mit Tränen in den Augen)*: Ja, was
hast du denn gedacht, mein Kind? Verstehst du
nicht, daß ich aufgeregt war, dich nach sieben
Jahren wieder zu sehen. Ich hatte schreckliche
Angst und konnte die ganze Nacht nicht schlafen, und heute morgen hätte ich beinahe angerufen und abgesagt, wenn du es wissen willst.

EVA: Aber Mama!

CHARLOTTE: Glaubst du, ich bin aus Stein?
Danke, zwei Stücke reichen. Dieser koffeinfreie
Kaffee ist schrecklich. Aber was soll man ma-

chen, wenn man nicht schlafen kann? Ich sehe, du beschäftigst dich mit den Chopin-Préludes. Willst du uns nicht etwas vorspielen?

EVA: Nicht jetzt, Mama.

CHARLOTTE: Eva! Sei nicht kindisch. Du machst mir eine große Freude, wenn du etwas spielst.

VIKTOR: Aber Eva, du hast doch noch vorgestern gesagt, du fändest es schön, wenn sich deine Mutter etwas von dir anhören würde. Hast du das vergessen?

EVA: Wenn ihr unbedingt wollt. Aber ich bin keineswegs – ich meine, das Ganze ist völlig oberflächlich und ohne jede Technik. Und um den Fingersatz in dieser Ausgabe habe ich mich überhaupt nicht gekümmert. Das würde ich nie schaffen.

CHARLOTTE: Liebling! Jetzt keine Entschuldigungen mehr. Fang einfach an.

EVA *spielt Chopins Prélude Nr. 2 in a-Moll.*

CHARLOTTE: Liebste kleine Eva!

EVA: Ist das alles, was du zu sagen hast?

CHARLOTTE: Nein, nein, ich war nur so gerührt.

EVA *(freudig)*: Hat es dir gefallen?

CHARLOTTE: *Du* hast mir gefallen.

EVA: Ich verstehe nicht, was du damit meinst.

CHARLOTTE: Magst du nicht noch eins spielen? Jetzt, wo wir es gerade so schön haben?

EVA: Ich will wissen, was ich für Fehler gemacht habe.

CHARLOTTE: Du hast keine Fehler gemacht.

EVA: Aber meine Art, wie ich gerade dieses Prélude gespielt habe, hat dir nicht gefallen.

CHARLOTTE: Jeder hat seine eigene Auffassung.

EVA: Natürlich. Genau das. Und jetzt will ich deine wissen.

CHARLOTTE: Wozu denn?

EVA *(feindlich)*: Weil ich dich darum *bitte*.

CHARLOTTE: Du bist ja richtig böse.

EVA: Ich bin wütend, weil du es offensichtlich nicht der Mühe wert findest, mir zu sagen, wie du dieses Prélude interpretierst.

CHARLOTTE: Schön, wenn du unbedingt willst. *(Ruhig)* Wir lassen also das rein Technische beiseite, was übrigens gar nicht schlecht war, obwohl du dich schon ein wenig mehr mit Cortots Fingersatz hättest beschäftigen sollen, weil das eine gewisse Hilfe bei der Interpretation bietet. Aber bitte, lassen wir dieses Problem jetzt außer acht und sprechen wir nur über die Interpretation.

EVA: Und?

CHARLOTTE: Chopin ist nicht sentimental, Eva! Er ist emotional, aber er ist nicht rührselig. Zwischen Gefühl und Sentimentalität liegt ein Abgrund. Das Prélude, das du gespielt hast, hat nichts Träumerisches; es geht darin um unterdrückte Schmerzen. Du mußt ruhig sein, klar, kühl. Es herrscht ein hochgradiges Fieber, aber der Ausdruck ist männlich beherrscht. Achte nur einmal auf die ersten Takte. *(Spielt.)* Es schmerzt, aber ich zeige es nicht. Nun eine kurze Linderung, die sich aber sofort wieder verflüchtigt, und die Qual ist *dieselbe*, nicht mehr, nicht weniger. Und immer vollkommene Beherrschung. Chopin war stolz, sarkastisch, hitzig, gequält, rasend und sehr männlich. Er war kein sentimentales altes Weib. Dieses zweite Prélude muß sich fast *häßlich* anhören. Es darf nie einschmeichelnd sein. *Es muß falsch klingen,* du mußt dich durchkämpfen und als Sieger daraus hervorgehen. Etwa so.

CHARLOTTE *spielt das Stück noch einmal.*

EVA: Ich verstehe.

CHARLOTTE *(fast weich)*: Sei mir bitte nicht böse, Eva.

EVA: Warum sollte ich böse sein? Im Gegenteil.

CHARLOTTE: Ich habe mich fünfundvierzig Jahre meines Lebens mit diesen schrecklichen Préludes beschäftigt. Und noch immer gibt es Dinge darin, die ich nicht verstehe. Aber ich denke nicht daran, aufzugeben.

EVA: Als Kind habe ich dich ungeheuer bewundert. Dann hatte ich jahrelang die Nase voll von dir und deinen Klavieren. Jetzt fange ich wohl wieder an, dich zu bewundern, allerdings auf andere Weise.

CHARLOTTE *(sarkastisch)*: Dann gibt es also noch eine kleine Hoffnung.

EVA *(ernsthaft)*: Ja, wirklich.

VIKTOR: Charlottes Analyse ist bestechend, aber ich finde Evas Interpretation gefühlvoller.

CHARLOTTE *(lacht glücklich)*: Für diese Bemerkung kriegt Viktor einen Kuß!

VIKTOR *(gekränkt)*: Ich sage doch nur, was ich meine.

EVA: Jeden Samstag besuche ich das Grab. Wenn
es ein milder Abend ist, so wie heute, dann
setze ich mich eine Weile hier auf die Bank und
lasse meinen Gedanken freien Lauf. *(Pause)* Erik
ist am Tag vor seinem vierten Geburtstag ertrun-
ken. Auf dem Hof gibt es einen alten Brunnen, der
mit einem Deckel zugenagelt ist; er hat ihn
irgendwie aufgemacht und ist hineingefallen.
Wir haben ihn sofort gefunden, aber er war
schon tot. Viktor hat das nie überwunden.
Zwischen Erik und ihm war etwas Besonderes.
Äußerlich habe ich lang um Erik getrauert. Im
Innersten habe ich aber eigentlich von Anfang
an gefühlt, daß er noch lebt, daß wir uns sehr
nahe sind. Ich brauche mich nur ein wenig zu
konzentrieren, und schon ist er da. Manchmal,
wenn ich gerade einschlafe, spüre ich, wie sein
Atem mein Gesicht streift und mich seine Hand
berührt. Findest du das überspannt? Ich könnte
dich verstehen. Für mich ist es ganz natürlich.
Er lebt ein anderes Leben, aber wir können uns
jederzeit erreichen; es gibt keine Grenzen,
keine unüberwindbare Mauer. Manchmal frage

ich mich, wie diese Wirklichkeit aussieht, wo mein kleiner Junge lebt und gedeiht. Gleichzeitig weiß ich natürlich, daß man sie nicht beschreiben kann, weil es eine Welt der befreiten Gefühle ist. Viktor hat es viel schwerer als ich. Er sagt, daß er nicht mehr an Gott glauben kann, weil Gott es zuläßt, daß Kinder sterben, verbrennen, verrückt werden, erschossen werden oder verhungern. Ich versuche ihm klarzumachen, daß zwischen Kindern und Erwachsenen kein Unterschied besteht, denn die Erwachsenen bleiben weiterhin Kinder, die sich als Erwachsene verkleidet haben. Für mich ist der Mensch eine ungeheure Schöpfung, ein unfaßbarer Gedanke. Der Mensch ist alles, vom Höchsten bis zum Niedrigsten, wie das Leben. Der Mensch wiederum ist das Ebenbild Gottes, und Gott ist alles, alles, eine gewaltige Energie, und es entstanden Teufel und Heilige, Propheten und Dunkelmänner, Künstler und Bilderstürmer. Gleichzeitig, nebeneinander, alles sich wechselseitig durchdringend. Wie riesige Muster, die sich ständig verändern. Verstehst du, was ich meine? Daher muß es auch unendlich viele Wirklichkeiten geben, nicht nur die Wirklichkeit, die wir mit unseren stumpfen Sinnen erfassen, sondern Legionen von Wirklichkeiten, die unauflöslich miteinander verschmolzen sind. Wir glauben doch nur aus Angst, und weil wir es in der Schule so gelernt haben, an irgendwelche Grenzen. *Es gibt keine Grenzen.* Nicht für die Gedanken, nicht für die Gefühle. Die Angst setzt die Grenzen, glaubst du nicht auch? Wenn du den langsamen Satz in Beethovens Hammerklavier-Sonate spielst, dann mußt du doch fühlen, daß du dich in einer Welt ohne Grenzen bewegst, daß du Teil einer gewaltigen Bewegung bist, die du niemals erforschen oder begreifen wirst. Es ist so wie mit Jesus. Er sprengte die Gesetze und die Grenzen durch ein völlig neues Gefühl, von dem man vorher nie etwas gehört hatte: die Liebe. Natürlich reagierten die Menschen mit Angst und Wut, so, wie sie immer mit Angst reagieren und fliehen wollen, wenn sie von einem großen Gefühl überwältigt werden, obwohl sie sich vor Sehnsucht nach ihren kümmerlichen und abgestorbenen Gefühlen fast verzehren.

CHARLOTTE: Ich erschrecke, wenn ich sie so reden höre. Das ist so überspannt – so jenseits aller Vernunft. Und diese Selbstverständlichkeit! Sie verkehrt mit eurem kleinen Jungen, sie hat die Welträtsel gelöst, auf jede Frage weiß sie eine Antwort.

VIKTOR *(lächelt)*: Ja, ja.

CHARLOTTE: Du kannst sie doch nicht so herumlaufen lassen.

VIKTOR: Wie meinst du das?

CHARLOTTE: Ich glaube, daß sie eigentlich furchtbar unglücklich ist. Und daß sie plötzlich eines Tages merken wird, wie schlecht es um sie steht. Und daß sie dann eine Dummheit macht.

VIKTOR: Glaubst du das wirklich?

CHARLOTTE: Ja, das glaube ich.

VIKTOR: Ist sie oben bei Lena?

CHARLOTTE: Sie wollte sie für die Nacht zurechtmachen.

VIKTOR: Setz dich einen Augenblick, liebe Charlotte, und hör zu. Ich will versuchen, dir zu erklären, wie ich meine Frau sehe.

CHARLOTTE: Bitte, ich sitze.

VIKTOR: Als ich Eva fragte, ob sie mich heiraten wolle, sagte sie mir sofort, daß sie mich nicht liebe. Ich fragte, ob sie jemand anderen liebe. Sie antwortete, sie hätte noch nie einen Menschen geliebt, sie sei unfähig zu lieben. *(Pause)*

Eva und ich lebten mehrere Jahre hier. Wir waren gut zueinander, arbeiteten viel, fuhren in meinen Ferien ins Ausland. Dann wurde Erik geboren. Wir hatten die Hoffnung auf ein eigenes Kind schon aufgegeben und dachten daran, eins zu adoptieren. *(Pause)* Nun, im Verlauf der Schwangerschaft ging mit Eva eine völlige Veränderung vor sich. Sie wurde sanft und fröhlich und ging aus sich heraus. Sie wurde faul, sie vernachlässigte die Gemeindearbeit und das Klavierspielen. Sie konnte dort auf dem Stuhl sitzen, die Beine auf einem anderen Stuhl, und stundenlang den Gang der Sonne über die Berge und über den Fjord verfolgen. Wir waren plötzlich sehr glücklich, und – entschuldige, wenn ich das sage – auch im Bett waren wir wirklich glücklich. Ich bin zwanzig Jahre älter als Eva, und ich hatte sehr wohl das Gefühl von einem grauen Schleier, der sich langsam über das Dasein legte; du verstehst, was ich meine. Ich hatte das Gefühl, mich umdrehen und sagen zu können: Soso, aha, das war mein Leben, so war es also. Aber dann kam alles ganz anders, es war unglaublich. *(Pause)* Es war unglaublich. *(Pause)* Du mußt entschuldigen, Charlotte, aber es ist immer noch etwas schwer... *(Pause)* Ja. Es waren sehr reiche Jahre. Du hättest Eva sehen müssen. Du hättest sie wirklich sehen müssen.

CHARLOTTE: Ich erinnere mich an die Jahre, als

40

Erik geboren wurde. Ich machte damals gerade die Gesamtaufnahmen der Mozart-Sonaten und -Klavierkonzerte. Ich hatte nicht einen einzigen Tag frei.

VIKTOR: Ja, genau. Wir luden dich ein, immer wieder, aber leider hattest du nie Zeit.

CHARLOTTE: Nein.

VIKTOR: Als Erik ertrank, wurde der graue Schleier noch grauer. Aber für Eva war es anders.

CHARLOTTE: Anders? Wie anders?

VIKTOR: Ihre Gefühle sind unverletzt; wenigstens sieht es so aus. Sie ist mager geworden und kantig, und sie ist auch weniger ausgeglichen; sie bekommt zum Beispiel richtige Wutanfälle. Aber ich finde nicht, daß sie überspannt oder merkwürdig ist. Und wenn sie Erik in ihrer Nähe fühlt, dann ist es vielleicht so. Sie spricht nicht oft darüber. Wahrscheinlich hat sie Angst, daß es mir weh tut; und das tut es auch. Aber was sie sagt, wirkt echt. Ich glaube ihr.

CHARLOTTE: Natürlich. Du bist ja Pfarrer.

VIKTOR: Mein kleiner Glaube, der hängt von ihr ab.

CHARLOTTE: Entschuldige, wenn ich dich verletzt habe.

VIKTOR: Das macht nichts, Charlotte. Im Unterschied zu dir und Eva bin ich ein diffuser und unsicherer Mensch. Ich habe selber schuld.

CHARLOTTE: Was meinst du, soll ich mir heute nacht mal ein richtig schönes Schlafmittel gönnen? Ja, das mache ich. Hier ist es so ruhig und still. Nur der Regen rauscht auf das Dach. Zwei Mogadon und zwei Valium müßten reichen.

EVA: Hast du alles, was du brauchst?

CHARLOTTE: Alles bestens. Die richtigen Plätzchen und das Mineralwasser, der Kassetten-Recorder und Bänder, zwei Kriminalromane, Ohrenstöpsel, Augenbinde, ein Extrakissen und mein kleines Reiseplaid. Willst du von meiner guten Schweizer Schokolade probieren, direkt aus Zürich? Bitte, nimm dir zwei Riegel.

EVA: Danke, liebe Mama, aber ich mache mir nichts aus Schokolade.

CHARLOTTE: Komisch, ich dachte, du wärst als Kind verrückt nach Süßigkeiten gewesen.

EVA: Das war Helena. Nicht ich.

CHARLOTTE: Um so besser, dann esse ich meine Schokolade eben allein.

EVA: Gute Nacht, Mamachen.

CHARLOTTE: Gute Nacht, mein Kleines, und

danke für heute abend. Viktor ist wirklich reizend. Du mußt gut auf ihn achtgeben.

EVA: Das tue ich.

CHARLOTTE: Seid ihr glücklich miteinander? Geht es euch gut?

EVA *(geduldig)*: Mamachen, Viktor ist mein bester Freund. Ich kann mir nicht vorstellen, wie es wäre, wenn ich ihn nicht hätte.

CHARLOTTE: Er hat gesagt, daß du ihn nicht liebst.

EVA: Er hat das gesagt?

CHARLOTTE: Ja. Warum?

EVA: Es wundert mich nur.

CHARLOTTE: Ist das ein Geheimnis?

EVA: Nein.

CHARLOTTE: Aber es gefällt dir nicht, daß er es gesagt hat.

EVA: Viktor ist im allgemeinen nicht so offen-herzig.

CHARLOTTE: Wir haben über dich gesprochen.

EVA: Wenn du etwas wissen willst, kannst du mich fragen. Ich werde so ehrlich wie möglich sein.

CHARLOTTE: Aber Kind, jetzt mach doch aus dieser Sache keine Affäre. Es ist doch ganz natürlich, daß eine alte Mutter neugierig ist, wie es ihrer Tochter geht. Wir haben sehr liebevoll über dich gesprochen, das kann ich dir versi-chern.

EVA: Wenn ich nur wüßte, warum du andere

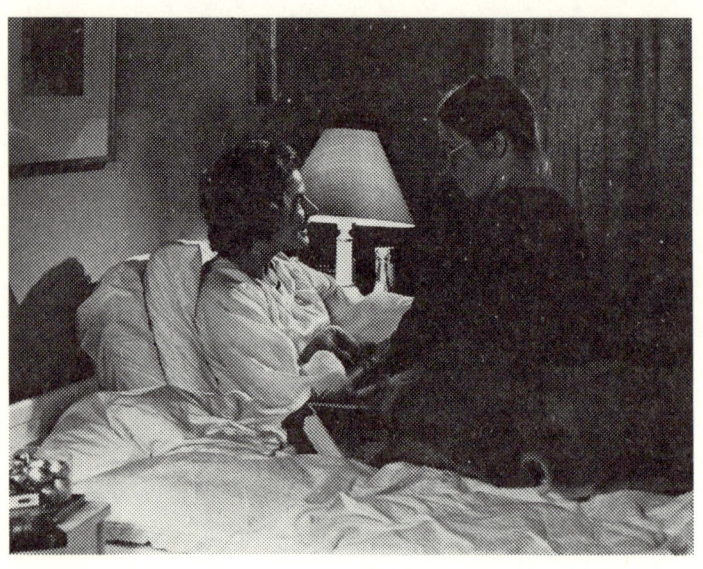

Menschen nicht in Frieden lassen kannst.

CHARLOTTE: Ich finde, ich habe dich schon viel zu lange in Frieden gelassen.

EVA *(lächelt)*: Da hast du vielleicht recht.

CHARLOTTE: Und jetzt reden wir nicht mehr über solche unangenehmen Sachen. Sonst kann ich auch diese Nacht nicht schlafen, trotz Schlafmittel.

EVA: Wir können ein anderes Mal darüber reden.

CHARLOTTE: Genau. Gib mir einen Kuß und versprich mir, daß du deiner alten Mutter nicht böse bist.

EVA: Ich verspreche es.

CHARLOTTE: Ich liebe dich. Verstehst du?

EVA *(freundlich)*: Ich liebe dich auch.

CHARLOTTE: Es ist nicht gerade ein Vergnügen, immer allein zu sein, das kann ich dir sagen. Ich war ganz einfach neidisch auf dich und Viktor.

EVA: Ja.

CHARLOTTE: Seit Leonardo tot ist, bin ich verdammt einsam. Kannst du das verstehen?

EVA: Ja, das verstehe ich.

CHARLOTTE: Nein, nein, nein. Gleich fange ich vor lauter Selbstmitleid an zu weinen. Dabei wollten wir doch heute abend keine Gefühlsergüsse mehr. Dieser Kriminalroman ist gar nicht so schlecht. Von einem neuen Verfasser, Adam Kretzinsky. Hast du von ihm gehört?

EVA: Nein.

CHARLOTTE: Ich habe ihn in Madrid getroffen. Er war total verrückt. Ich konnte mich kaum wehren. Das heißt, ich habe mich überhaupt nicht gewehrt. Gute Nacht, kleine Eva.

EVA: Gute Nacht, Mama.

CHARLOTTE: Er war verrückt vor Bewunderung und hat gesagt, ich sei die schönste Frau seines Lebens. Was soll man da machen?

EVA: Sag Bescheid, wenn du dein Frühstück willst.

CHARLOTTE: Nur keine Umstände meinetwegen.

EVA: Aber ich *will* dich doch verwöhnen.

CHARLOTTE: Wenn du darauf bestehst.

EVA: Starker Kaffee, warme Milch, zwei Scheiben Vollkornbrot mit Jarlsberg-Käse, eine Scheibe Toast mit Honig. Stimmt's?

CHARLOTTE: Und ein Glas frischer Orangensaft.

EVA: Oh, das hätte ich fast vergessen.

CHARLOTTE: Ich kann wirklich...

EVA: Du bekommst deinen Saft. Gute Nacht, Mama.

CHARLOTTE: Gute Nacht, Liebling.

12

CHARLOTTE *(allein)*: Ich sollte mich noch ein wenig um meine Finanzen kümmern. *(Nimmt ein rotes Notizbuch.)* Ich darf nicht vergessen, Brammer zu sagen, daß er Leonardos Geld anlegen soll. Das Haus ist auch ziemlich viel wert. Um Dinge wie Einnahmen und Ausgaben hast du dich nie gekümmert; über solche irdischen Kleinigkeiten warst du erhaben, diese Probleme hast du Charlotte überlassen. »Charlotte, du bist so geschickt in Gelddingen, Charlotte, du bist mein Finanzminister.« Einmal, als du böse auf mich warst, hast du gesagt, ich sei geizig. Vielleicht *bin* ich geizig. Ich bin einfach vorsichtig mit Geld. Großvaters Bauernblut und Bauernverstand. Drei Millionen siebenhundertfünfunddreißigtausend achthundertsechsundsechzig Franc. Sieh mal an, so viel Geld hast du gehabt, Leonardo. Wer hätte das gedacht? Und das Ganze vermachst du deiner alten Charlotte. Und ich habe auch noch eine kleine Reserve. Zusammen sind das über fünf Millionen. Was soll ich mit so viel Geld? Ich kaufe Viktor und Eva ein schönes Auto. Mit der alten Karre da

unten im Hof können sie nicht mehr herumfahren. Das ist ja lebensgefährlich. Am Montag fahren wir in die Stadt und kaufen ein Auto. Das wird sie aufmuntern. Und mich auch. *(Gähnt.)* Jetzt fühle ich mich langsam ruhig und schläfrig. Ich lese noch ein bißchen in Adams Buch, und dann mache ich das Licht aus. Hier ist es wirklich still. Der Regen hat aufgehört. Ja. *(Liest.)* »Mit stummer Würde bot sie ihm die rote Blume ihrer Unschuld. Er nahm sie ohne Leidenschaft, obwohl er ihre kleinen harten Brüste und die üppigen blonden Schamhaare, die über dem Bikini zu sehen waren, den ganzen Vormittag fixiert hatte.« Gott, was für ein

Schwulst! Eigentlich war er ein richtiger Idiot, dieser Adam, obwohl er sich meinetwegen fast das Leben genommen hätte. *(Lächelt.)* Wenn ich mir selbst ein neues Auto kaufen würde und Eva und Viktor den Mercedes gäbe? Dann könnte ich bis Paris fliegen und dort das Auto kaufen und müßte nicht den ganzen Weg zurückfahren. *(Gähnt.)* Morgen fange ich wirklich mit dem Ravel an. Gott, ich bin in den letzten Wochen derartig faul gewesen, einfach unmöglich. *(Blinzelt.)* Viktor ist wirklich ein langweiliger Kerl, so wie Josef, aber uninteressanter. Wahrscheinlich langweilen sich die beiden gegenseitig zu Tode!

Die Tür geht auf. CHARLOTTE *erschrickt. Plötzlich stürzt* HELENA *in das Zimmer und wirft sich auf die Mutter; sie ist schwer und stark. Nach einem kurzen Kampf erwacht* CHARLOTTE.

13

EVA: Aber Mama, was ist denn? Ich habe dich rufen hören, und als ich in dein Zimmer kam, warst du nicht da.

CHARLOTTE: Es tut mir leid, wenn ich dich geweckt habe; aber ich hatte einen schrecklichen Traum. Ich habe geträumt, daß...

EVA: Ja?

CHARLOTTE: Nein, jetzt habe ich vergessen, was es war.

EVA: Ich bleibe gern bei dir, wenn du reden willst.

CHARLOTTE: Nein, danke, mein Liebes. Ich will nur einen Moment so sitzen und mich beruhigen. Geh, leg dich wieder hin.

EVA: Ja, dann gehe ich.

CHARLOTTE: Eva!

EVA: Ja, Mama!

CHARLOTTE: Magst du mich wirklich?

EVA: Natürlich. Du bist doch meine Mutter.

CHARLOTTE: Das war keine ehrliche Antwort.

EVA: Dann will ich dir mit einer Gegenfrage antworten. Magst du mich?

CHARLOTTE: Ich liebe dich.

EVA: Das ist nicht wahr. *(Lächelt.)*

CHARLOTTE: Du wirfst mir mangelnde Liebe vor.

EVA *antwortet nicht, sieht sie an.*

CHARLOTTE: Begreifst du nicht, wie unsinnig dieser Vorwurf ist?

EVA *(sieht sie an)*: Es war kein Vorwurf.

CHARLOTTE: Wirfst du dir auch deine mangelnde Liebe zu Viktor vor?

EVA: Ich habe Viktor gesagt, daß ich ihn nicht liebe. Du *spielst* Liebe. Das ist der Unterschied.

CHARLOTTE: Und wenn ich es in gutem Glauben getan hätte?

EVA: Jetzt verstehe ich nicht, was du meinst.

CHARLOTTE: Wenn ich wirklich zutiefst davon überzeugt wäre, daß ich dich und Helena geliebt habe.

EVA: Das ist unmöglich.

CHARLOTTE: Weißt du noch, wie ich mich entschloß, meine Karriere aufzugeben und zu Hause zu bleiben?

EVA: Ich weiß nicht, was schlimmer war: die Zeit, als du zu Hause warst, um die Ehefrau und Mutter zu spielen, oder die Zeit, als du auf Tournee warst. Aber je länger ich darüber nachdenke, desto klarer wird mir, daß du die Hölle für uns gewesen bist, für Papa und für mich.

CHARLOTTE: Du weißt *nichts* über Papas und mein Verhältnis.

EVA: Papa war genauso unterdrückt und genauso hilflos wie ich und alle anderen.

CHARLOTTE: Das ist nicht wahr. Papa und ich waren glücklich miteinander. Josef war der liebste, beste und zärtlichste Mann, den man sich denken kann. Er liebte mich, und ich hätte alles für ihn tun können.

EVA: O ja, du hast ihn betrogen.

CHARLOTTE: Ich habe ihn *nicht* betrogen. Ich habe mich in Martin verliebt und bin acht Monate mit ihm unterwegs gewesen. Glaubst du, ich war in dieser Zeit nur auf Rosen gebettet?

EVA: Jedenfalls war ich es, die mit Papa abends zu Hause sitzen mußte, ich war es, die ihn trösten mußte, ich war es, die ihm während dieser Zeit ständig versichern mußte, daß du ihn trotzdem liebst und daß du bestimmt zurückkommen würdest, und ich war es, die ihm deine Briefe vorlesen mußte. Deine langen, zärtlichen, liebevollen, lustigen Briefe, in denen du uns über besonders interessante Abschnitte deiner Reisen berichtetest. Und wir saßen da wie die größten Idioten, lasen deine Briefe, zweimal, dreimal, und fanden, du seist der wunderbarste Mensch der Welt.

CHARLOTTE (*ruhig, erstaunt*): Eva, du haßt mich.

EVA: Ich weiß nicht. Ich bin so verwirrt. Du kommst plötzlich nach sieben Jahren, und ich

freue mich, daß du kommst. Ich weiß nicht, was
ich mir vorgestellt habe. Vielleicht habe ich
geglaubt, du seist einsam und traurig. Ich weiß
nicht. Vielleicht habe ich geglaubt, ich sei
erwachsen, ich sei mir im klaren über dich und
mich und über Helenas Krankheit und über
unsere Kindheit. Jetzt merke ich, daß das alles
ein großes Chaos ist. *(Pause)* Gute Nacht,
Mama. Es hat keinen Sinn, über die Vergangenheit zu sprechen. Es tut zu weh, und außerdem
ist es zwecklos.

CHARLOTTE: Erst machst du mir lauter Vorwürfe,
und dann gehst du!

EVA: Weil es sowieso zu spät ist.

CHARLOTTE: Was ist zu spät?
EVA: Es läßt sich nichts mehr ändern.

Durch die Stille hört man einen langgezogenen, klagenden, kaum menschlich wirkenden Ton. CHARLOTTE *sieht ihre Tochter erschrocken an.*

EVA: Das ist Helena; sie ist aufgewacht. Ich gehe einen Augenblick zu ihr hinauf und sehe nach, ob sie etwas braucht.

Sie läuft durch das dunkle Haus, ohne Licht. Sie kennt den Weg. Hinter dem Fenster starrer Mondschein. Es ist vollkommen still; kein Wind, kein Vogel. Vorsichtig öffnet EVA *die Tür zu* HELENAS *Zimmer. Fast im selben Moment bricht der klagende Laut ab. Sie macht die Tischlampe an.* HELENA *sitzt hochaufgerichtet in dem mit Gittern versehenen Bett; Hals und Schultern zucken, und sie beißt sich auf die Lippen. Die Augen sind fest geschlossen; sie schläft. Vorsichtig weckt* EVA *sie. Langsam öffnet* HELENA *die Augen. Langsam erkennt sie ihre Umgebung; sie versucht etwas zu sagen, gibt es aber gleich wieder auf.* EVA *fragt, ob sie durstig sei. Sie schüttelt den Kopf, schließt die Augen und schläft sofort wieder ein. Die Zuckungen lassen nach, das Gesicht wird ruhig.* EVA *sitzt neben ihr, sieht sie an. Macht die Lampe aus. Sieht sie an.*

14

EVA: Für dich war ich eine Puppe, mit der du gespielt hast, wenn du Zeit hattest. Wenn ich krank war oder lästig fiel, hast du mich dem Kindermädchen oder Papa überlassen. Du hast dich eingeschlossen und gearbeitet, und niemand durfte dich stören. Ich stand vor der Tür und lauschte. Wenn du zum Kaffeetrinken eine Pause machtest, bin ich in dein Zimmer geschlichen, um nachzusehen, ob es dich überhaupt noch gab. Du warst freundlich, aber abwesend. Wenn ich dich etwas fragte, bekam ich kaum eine Antwort. Ich saß auf dem Fußboden und sah dich an. Du warst groß und schön, der Raum war kühl und luftig, die Markisen waren heruntergelassen, draußen rauschte der Wind in den Blättern, und alles war eingehüllt in ein grünes, unwirkliches Licht. Manchmal durfte ich dich auf die Bucht hinausrudern. Du trugst ein langes weißes, ausgeschnittenes Sommerkleid, das deine Brüste sehen ließ; sie waren wunderschön. Du warst barfuß, und dein Haar hattest du zu einem dicken Zopf geflochten. Du blicktest gern in das Wasser; es war klar und kalt, du konntest die großen Steine tief unten

auf dem Boden sehen, Pflanzen und Fische, dein Haar wurde naß, und deine Hände wurden naß. Weil du immer so schön warst, wollte ich auch schön sein. Ich wurde richtig pedantisch mit meiner Kleidung, immer in der Angst, mein Aussehen könnte dir nicht gefallen. Ich fand mich ja selbst häßlich: Mager und eckig, große Kuhaugen und breite dicke Lippen, keine Augenbrauen und keine Wimpern, viel zu lange Arme und zu große Füße und die Zehen völlig platt und – nein, ich selbst fand mein Aussehen beinah widerlich. Aber du hast es dir fast nie anmerken lassen, daß dir mein Aussehen mißfiel; einmal sagtest du: »Ich finde, du hättest ein

Junge werden sollen«, und dann hast du gelacht, um mich nicht traurig zu machen. Aber das war ich natürlich. Eine ganze Woche weinte ich heimlich, weil du Tränen nicht ausstehen konntest – die Tränen von anderen. Eines Tages standen deine Koffer plötzlich unten an der Treppe, und du telefoniertest in einer fremden Sprache. Ich ging in das Kinderzimmer und betete zu Gott, daß irgend etwas passieren möge, was deine Abreise verhindern könnte: Großmutter müßte sterben oder ein Erdbeben geschehen oder alle Flugzeuge Motorschaden haben – aber du bist trotzdem immer abgereist. Die Türen standen offen, und der Wind pfiff durchs Haus, und alle redeten gleichzeitig. Und dann kamst du zu mir und hast mich umarmt und geküßt und hast mich wieder umarmt und wieder geküßt und hast mich angesehen und gelächelt, und du rochst so gut und so fremd, und du warst auch fremd; du warst schon unterwegs, du sahst mich gar nicht. Ich dachte, jetzt bleibt mein Herz stehen, jetzt sterbe ich, so weh tut es, ich werde nie wieder froh sein; jetzt sind erst fünf Minuten vergangen, wie soll ich das ertragen, wenn es zwei Monate weh tut. Und dann weinte ich in Papas Schoß, und Papa saß vollkommen bewegungslos da, seine kleine weiche Hand auf meinem Kopf; er saß wer weiß wie lange und rauchte seine alte Pfeife und hüllte uns in seinen Rauch ein, und manchmal sagte er dann: »Wollen wir heute abend ins Kino gehen?« oder »Ich glaube, heute würde uns ein Eis zum Mittagessen schmecken.« Aber ich wollte weder Eis noch Kino, weil ich das Gefühl hatte zu sterben. So vergingen die Tage und Wochen. Papa und ich verbrachten die Einsamkeit sehr gut miteinander. Wir hatten uns nicht viel zu sagen, aber es war so friedlich mit ihm, und ich habe ihn auch nie gestört. Manchmal sah er etwas traurig aus; ich wußte nicht, daß er ständig mit wirtschaftlichen Schwierigkeiten zu kämpfen hatte. Aber immer wenn ich angestapft kam, hellte sich sein Gesicht auf, und wir sprachen eine Weile miteinander, oder er streichelte mich auch mit seiner kleinen weichen Hand, oder er saß auf dem Ledersofa und trank mit Onkel Otto Cognac, und die beiden brummelten zufrieden vor sich hin, vermutlich ohne voneinander wirklich Notiz zu nehmen. Oder Onkel Harry war da, und sie spielten Schach, und dann war es besonders still; dann hörte man drei verschiedene Uhren im Haus ticken. Schon Tage vor deiner Rückkehr bekam ich vor Aufregung Fieber und hatte gleichzeitig Angst, ich könnte wirklich krank werden, denn ich wußte, daß du Angst vor kranken Menschen hattest. Und wenn du dann da warst, konnte ich mein Glück kaum ertragen und konnte auch nichts sagen; du wurdest deshalb manchmal etwas ungeduldig und sagtest: »Eva ist bestimmt nicht sehr froh darüber, daß ihre Mama wieder zu Hause ist.« Da wurde ich feuerrot im Gesicht und fing an zu schwitzen, aber ich konnte nichts sagen; ich hatte keine Worte – du hattest alle Worte bei uns unter Kontrolle. Ich liebte dich auf Leben und Tod, glaube ich, aber ich mißtraute deinen Worten. Instinktiv begriff ich, daß du eigentlich nie meintest, was du sagtest. Du hast eine wunderschöne Stimme, Mama. Als Kind spürte ich sie in meinem ganzen Körper, wenn du mit mir redetest, und oft wurdest du böse auf mich, weil ich dich nicht verstanden hatte. Das lag daran, daß ich nur auf deine Stimme geachtet hatte, aber es lag auch daran, daß ich dich nicht verstand. Ich verstand deine Worte nicht; sie stimmten nicht zu deinen Augen oder zu deinem Ton. Am schlimmsten war, daß du lächeltest, wenn du böse warst. Wenn du Papa haßtest, sagtest du zu ihm: »Mein geliebter Schatz«, wenn du mich los sein wolltest, sagtest du zu mir: »Mein geliebtes kleines Mädchen.« Nichts stimmte. Laß mich, Mama, ich muß ausreden. Ich weiß, daß ich etwas betrunken bin; aber wenn ich nicht getrunken hätte, hätte ich nie gesagt, was ich gesagt habe. Später, wenn ich den Mut verliere und nicht wage weiterzureden oder aufhöre, weil ich mich für das schäme, was ich gesagt habe, dann kannst du reden und erklären, und ich werde zuhören und verstehen, so, wie ich immer zugehört und verstanden habe. Trotzdem hatte ich es als Kind bei dir nicht schlecht. Und es war auch nicht falsch, daß ich dich liebte. Du hast mich ziemlich toleriert, weil du ja deine Reisen hattest. Aber eins habe ich nie verstanden, das ist dein Verhältnis zu Papa; ich habe in letzter Zeit viel über euch beide nachgedacht, aber euer Zusammenleben ist mir ein Rätsel. Manchmal glaube ich, du warst total abhängig von Papa, obwohl er doch um vieles schwächer war als du; in gewisser Weise behandeltest du ihn mit einer Rücksichtnahme, wie du sie weder mir noch Helena gegenüber je gezeigt hast. Du verwöhntest Papa und sprachst über ihn, als sei er etwas Besonderes. Leider war unser armer Papa aber nur Mittelmaß, freundlich, bescheiden und harmlos. Soweit ich weiß, hast du in mehreren Fällen seine Schulden bezahlt. Stimmt das?

CHARLOTTE: Ja.

EVA: Ich glaube, Papa hatte ein paar kleinere Abenteuer; ich erinnere mich jedenfalls an mindestens drei fremde Damen, die bei uns im Wohnzimmer gesessen haben, während du unterwegs warst. Eine von ihnen hieß, glaube ich, Maria van Eyck und war deine Schülerin.

CHARLOTTE: Papa hatte ein Verhältnis mit Maria. Nur ganz kurz und ganz harmlos.

EVA: Haben dir diese Geschichten nichts ausgemacht?

60

CHARLOTTE: Nein, ich konnte Papa wegen seiner kleinen Affären wirklich nicht böse sein. Außerdem hatte er Geschmack. Du hast gesagt, daß Papa mittelmäßig war. Das ist ein grausames und ungerechtes Urteil, das zeigt, daß du deinen Vater nicht gekannt hast. Unter anderen Umständen wäre Josef einer von den großen europäischen Architekten gewesen; aber er war viel zu rücksichtsvoll und viel zu anständig. Er mußte hinter seinem älteren Bruder, der nicht halb so begabt war, zurückstehen, und es war sein Unglück, daß sie die Firma deines Großvaters gemeinsam geerbt hatten. Josef hat nie versucht, Aufmerksamkeit zu erregen oder seine Interessen durchzusetzen. Aber er hatte wunderbare Ideen; zum Beispiel der Entwurf für eine Konzerthalle in Kopenhagen, oder war es Oslo, nein, es war wohl Lyon – man war sich jedenfalls einig, daß es eines der schönsten Gebäude der dreißiger Jahre wäre. Aber dann kam der Krieg, und das Projekt war gestorben. Der arme Josef, er hatte immer nur Unglück. Dabei war er *wirklich* ein *großer* Mann und keineswegs mittelmäßig. Du siehst so skeptisch aus, Eva. Glaubst du mir nicht?

EVA: Als ob das eine Rolle spielen würde! Deine Worte gelten in deiner Wirklichkeit, meine Worte gelten in meiner. Tauschen wir die Worte aus, sind sie wertlos.

15

CHARLOTTE: Du hast vorhin von meinem Selbst-
betrug gesprochen. Ich glaube, du hast Unrecht. Ich habe mir nie etwas vorgemacht. Die
wirklichen Umstände waren ziemlich schlimm.
Ich hatte Rückenschmerzen, konnte nicht richtig üben, meine Konzerte wurden schlechter,
ich verlor wichtige Engagements. Mein Leben
fing an, sinnlos für mich zu werden. Gleichzeitig hatte ich ein schlechtes Gewissen deinetwe-
gen und wegen Josef. Ich fand es idiotisch, mich
von einer Stadt in die andere zu quälen, be-
schimpft und verrissen, statt bei euch zu Hause
zu sein. Du lächelst so ironisch. Ich versuche
nur die Wahrheit zu sagen, ich will dir nur
erzählen, wie es damals für mich war; was du
dann darüber denkst, ist mir egal. Aber einmal
sollte es wohl ausgesprochen werden, und dann
brauchen wir nie mehr darüber zu reden.
EVA: Ich versuche zu verstehen.
CHARLOTTE: Ich war in Hamburg und spielte
Beethovens Erstes; es ist nicht besonders
schwer, und der Abend war ein Erfolg. Hinterher ging ich wie immer mit dem alten Schmieß –

62

du weißt, der Dirigent; er ist jetzt tot – in ein
gutes Restaurant. Nachdem wir in Ruhe gegessen und getrunken hatten und ich mich zufrieden und entspannt fühlte und meine Rückenschmerzen fast weg waren, sagte Schmieß:
»Warum bleibst du nicht zu Hause bei deinem
Mann und deinen Kindern und lebst ein anstän-
diges Leben, statt dich diesen ewigen Erniedri-
gungen auszusetzen?« Ich starrte ihn an, und
dann lachte ich. »Findest du, daß ich heute
abend *so* schlecht gewesen bin?« – »Nein, das
finde ich nicht«, sagte er und lächelte. »Aber ich
muß immer an den achtzehnten August neun-
zehnhundertvierunddreißig denken. Du warst

zwanzig, und wir spielten Beethovens Erstes zusammen in Linz. Erinnerst du dich? Wir hatten fünfunddreißig Grad Wärme, der Saal war überfüllt, wir spielten wie die Götter, das Orchester war hinreißend, als wir fertig waren, sprangen die Leute von ihren Plätzen und schrien und tobten, und das Orchester spielte einen Tusch. Du trugst ein einfaches rotes Sommerkleid und hattest lange Haare bis zur Taille. Du warst frisch und munter, und wenn es nach dir gegangen wäre, hätten wir das Konzert noch fünfmal genauso gut spielen können.« »Daß du das alles noch weißt«, sagte ich. »Es steht in meiner Partitur«, antwortete Schmieß. »Meine großen Erfolge schreibe ich mir immer auf.« Als ich wieder im Hotel war, konnte ich nicht einschlafen. Morgens um drei rief ich Josef an und sagte ihm, daß ich mich entschieden hätte: Ich würde die Tourneen aufgeben, ich würde bei ihm und bei dir bleiben, wir würden endlich eine richtige Familie sein. Josef war wahnsinnig glücklich. Wir weinten beide vor Rührung, wir telefonierten fast zwei Stunden miteinander. So war das damals. Auf jeden Fall war es kein Betrug. Vielleicht eine kindische Wunschvorstellung, daß es auch im Leben von Charlotte Andergast einen gnädigen Ausweg gäbe. Das war natürlich dumm. Einen Monat später hatte ich begriffen, daß ich für dich und Papa eine schreckliche Belastung war, daß ich wieder von zu Hause weg wollte. Im Laufe des Jahres beruhigte ich mich etwas; ich fing an zu unterrichten, ich kümmerte mich um dich und deine Erziehung, und ich nahm Anteil an Papas Schwierigkeiten. Während des Sommers wohnten wir immer in einem kleinen Haus draußen in Skärgården. Erinnerst du dich? *(Eva nickt und lächelt, ohne zu lächeln.)* Ich glaube, wir waren ziemlich glücklich, oder nicht? Warst du nicht glücklich?

EVA *(schüttelt den Kopf)*: Nein, ich war nicht glücklich.

CHARLOTTE *(seufzt)*: Du hast doch gesagt, du hättest es nie so gut gehabt.

EVA: Ich wollte dich nicht enttäuschen.

CHARLOTTE: Siehst du, so geht es. *(Lacht.)* Was habe ich falsch gemacht?

EVA: Nichts hast du falsch gemacht! Du warst wie immer fabelhaft. Ich fand dich schrecklich. Ich war damals vierzehn Jahre alt, und in Ermangelung eines Besseren richtetest du deine gesamte angestaute Energie auf mich. Du hattest dir auf Teufel komm raus eingeredet, du hättest etwas an mir versäumt, und nun wolltest du das Versäumte nachholen. Ich wehrte mich, so gut ich konnte, aber ich hatte keine Chance. Außerdem liebte ich dich und war die ganze Zeit fest davon überzeugt, daß du recht hattest und ich unrecht. Weißt du, was du getan hast? Du hast mich nie direkt kritisiert; du benutztest Umschreibungen. Aber zu jeder Minute des Tages warst du da, mit deinem Lächeln, mit deinen kleinen Scherzen, mit deiner zarten Fürsorglichkeit oder mit deinem leicht bekümmerten Tonfall. Nichts, nicht das geringste konnte deiner liebevollen Aufmerksamkeit entgehen. Ich hatte eine schlechte Körperhaltung, weil ich zu schnell gewachsen war. Du fingst eine Gymnastik mit mir an, und selbstverständlich mußten wir die Übungen wegen deiner eigenen Rückenschmerzen gemeinsam absolvieren. Ich hatte Pickel, ich war ja in der Pubertät; sofort wurde ein Hautarzt aufgetrieben, der ein guter Freund der Familie war, und der verordnete Salben und Tinkturen, die ich nicht vertrug und die meine Haut noch röter machten. Du kamst auf die Idee, es wäre zu mühsam für mich, meine langen Haare in Ordnung zu halten; also ließest du sie abschneiden. Es war entsetzlich; ich sah aus wie ein Gespenst. Dann kam das Schlimmste von allem: Du hattest dir in den Kopf gesetzt, daß meine Zähne schief stünden, und du sorgtest dafür, daß ich eine Zahnregulierung bekam; ich sah völlig schwachsinnig damit aus. Du erklärtest mir, ich sei ein großes Mädchen und dürfe nicht mehr in Hosen und Pullover herumlaufen, sondern müsse Kleider tragen. Die wurden genäht, oder du nähtest sie selbst, ohne mich je zu fragen, ob sie mir gefielen, und ich konnte nicht nein sagen, weil ich dich nicht traurig machen wollte. Du gabst mir Bücher, die ich nicht mochte, weil sie viel zu hoch für mich waren, und ich las und las, und dann mußte ich mit dir über das sprechen, was ich gelesen hatte. Du erklärtest und erklärtest. Ich verstand nichts von alledem, was du sagtest; ich hatte nur Angst, du könntest eines Tages entdecken, wie bodenlos dumm ich war. Ich war wie gelähmt, aber eins spürte ich klar und deutlich: Es gab keinen Millimeter an mir, der wirklich ich selbst war und den man hätte lieben oder wenigstens akzeptieren können. Du warst wie besessen, und ich wurde immer ängstlicher, immer mehr zu einem Nichts. Ich wußte nicht mehr, wer ich war, weil ich mich mit jedem Atemzug nach dir richten mußte. Ich wurde zu einer hilflosen Marionette, die du bewegtest; ich sagte, was du wolltest, ich imitierte deine Gesten und Bewegungen, um dir zu gefallen, ich wagte nicht eine Sekunde, ich selbst zu sein, nicht einmal wenn ich allein war, weil ich alles an mir ablehnte. Es war entsetzlich, Mama, und ich zittere noch jetzt am ganzen Körper, wenn ich über diese Jahre spreche. Es war entsetzlich, aber es sollte noch schlimmer kommen. Ich begriff ja nicht, daß ich dich haßte, denn ich war der festen Überzeugung, daß wir uns liebten und daß du alles am besten wußtest. Darum konnte ich dich nicht hassen, und der Haß wurde zu einer wahnsinnigen Angst. Ich hatte furchtbare Träume, ich kaute Nägel und riß mir büschelweise die Haare aus, ich versuchte zu weinen, konnte aber nicht – ich bekam keinen Laut heraus, versuchte zu schreien, aber es kam nur ein ersticktes Grunzen, das mich noch mehr erschreckte. Eines Tages nahmst du mich in die Arme, setztest dich neben mich auf das Sofa, weintest ein wenig und sagtest, du seist über meine Entwicklung beunruhigt, und wir würden mit einem freundlichen Doktor über meinen Zustand sprechen. Ich spürte, daß du eigentlich der Ansicht warst, ich sei im Begriff, verrückt zu werden – die Aussicht darauf löste eine Art melancholischer Zufriedenheit in mir aus. Ich kam also zu einem Psychiater, einem merkwürdigen alten Kauz mit weißem Kittel, der sich, während wir miteinander sprachen, ununterbrochen einen riesigen Brieföffner in seinen dicken Bauch rammte. Er fing an, mich über mein Sexualleben auszufragen, und da ich nicht wußte, was er meinte – ich hatte noch nicht einmal die erste Menstruation hinter mir –, fühlte ich mich gezwungen, etwas zu erfinden. Ich glaube, er war ziemlich erstaunt über meine differenzierten Lustgefühle und perversen Phantasien. Vielleicht durchschaute er mich aber auch und wollte mich nicht kränken. Er war freundlich und wohlwollend und sagte, ich sollte daran denken, daß meine Mama mich liebhabe und mein Bestes wolle; aber das wußte ich bereits.

CHARLOTTE: Und dann bin ich mit Martin weggefahren, und das hast du nie verstanden?

EVA: Ich habe diese Worte nicht einmal gedacht.

CHARLOTTE: Aber du warst der Meinung, ich hätte dich im Stich gelassen.

EVA: Ja.

CHARLOTTE: Hast du nie... *(Hält inne, Pause.)*

EVA *schweigt.*

CHARLOTTE *schweigt.*

EVA: Erinnerst du dich an Stefan?

CHARLOTTE: Natürlich erinnere ich mich an Stefan! Das mit dem Kind hättet ihr nie geschafft!

EVA: Mama! Ich war achtzehn Jahre alt. Stefan war erwachsen. Wir liebten uns, wir hätten es geschafft...

CHARLOTTE: Ihr hättet es nie geschafft.

EVA: Wir hätten es geschafft, *wir wollten das Kind haben,* aber du, du hast unsere Beziehung kaputtgemacht.

CHARLOTTE: Das ist nicht wahr. Das ist verdammt nicht wahr! Ganz im Gegenteil: Ich sagte zu Papa, wir müßten Rücksicht nehmen, wir müßten abwarten. Hast du nicht begriffen, daß dein Stefan ein Dummkopf war, ein halbkrimineller kleiner Schnösel, der dich die ganze Zeit hereingelegt hat?

EVA *(mit Haß)*: Du hast ihn vom ersten Augenblick an gehaßt, weil du sahst, daß ich ihn
liebte, weil ich anfing, dir zu entgleiten; und du
tatest alles, um unsere Beziehung kaputtzuma-
chen. Gleichzeitig spieltest du die Verständnis-
volle und Vertraute.

CHARLOTTE: Und das Kind?

EVA: Stefan wurde ein ganz anderer, als er erfuhr,
daß ich schwanger war.

CHARLOTTE: Dein Stefan ließ sich vollaufen,
borgte sich mein Auto, fuhr es in den Graben
und wurde wegen Trunkenheit am Steuer ange-
klagt – *das* war seine Reaktion auf deine
Schwangerschaft.

EVA *(rasend)*: Glaubst du, du bist allwissend?
Warst du bei unseren Gesprächen dabei? Hast
du vielleicht unter dem Bett gelegen, wenn wir
zusammen waren? Weißt du überhaupt, wovon
du sprichst? Hast du dich jemals für die Gedanken und Gefühle eines anderen Menschen interessiert? Interessiert dich überhaupt irgendein
anderes lebendes Wesen außer dir selbst?

CHARLOTTE: Diese Vorwürfe habe ich schon ein
paarmal gehört.

EVA: Stefan war nicht wie die anderen; er war viel
besser und viel ehrlicher.

CHARLOTTE: Deshalb hat er wohl die kleine
Rembrandt-Radierung gestohlen und versetzt,
deshalb hat er dir wohl etwas über seine Kindheit, seine Jugend und seine tragischen Fami-

lienverhältnisse vorgelogen, deshalb ist er wohl mit seinen feinen Freunden in unser Sommerhaus eingebrochen und hat den Schnaps ausgetrunken und alles verdreckt.

EVA: Das war alles *nachher.* Hast du das vergessen? Hast du vergessen, daß es dir glückte, mich nach der Abtreibung in eine psychiatrische Klinik einliefern zu lassen, und daß du Stefan bei der Polizei anzeigtest, als er in unser Haus kam, um mit dir zu sprechen?

CHARLOTTE: Wenn du dir wirklich ein Kind gewünscht hättest, hätte ich dich nie zu einer Abtreibung zwingen können.

EVA: Und wie hätte ich mich wehren sollen? Seit meiner Kindheit war ich deiner Gehirnwäsche ausgesetzt; ich hatte mich immer nach deinem Willen gerichtet, ich war ängstlich und unsicher und hätte Hilfe und Unterstützung gebraucht.

CHARLOTTE *(voller Angst):* Ich *glaubte,* dir zu helfen. Ich war überzeugt davon, daß die Abtreibung die einzige Lösung war. Ich war überzeugt davon, bis zu diesem Augenblick. Es ist schrecklich, daß du diesen Haß in all den Jahren genährt hast. Warum hast du nie etwas gesagt?

EVA: Weil du nie zugehört hast! Weil du ständig davongelaufen bist, weil du gefühlsmäßig verkrüppelt bist, weil du mich und Helena eigentlich verabscheust, weil du hilflos in dir selbst eingesperrt bist, weil du dir selbst immer im Weg bist, weil du mich in deinem kalten Schoß getragen und mit Abscheu hinausgestoßen hast, weil ich dich liebte, weil du meintest, ich sei widerlich, mißlungen und unbegabt. Und es gelang dir, mich so fürs Leben zu schädigen, wie du selbst geschädigt bist. Alles Zarte und Empfindliche hast du zertreten, alles Lebendige, was dir in die Finger geriet, hast du versucht zu ersticken. Du sprichst von meinem Haß. Dein Haß war nicht geringer. *Dein Haß ist nicht geringer.* Ich war klein und formbar und voller Liebe. Du hast mich gefesselt, du wolltest meine Liebe, genauso, wie du willst, daß auch alle anderen Menschen dich lieben. Ich war dir schutzlos ausgeliefert. Alles geschah ja im Namen der Liebe; du sagtest die ganze Zeit, daß du mich liebtest und Papa und Helena. Und du beherrschtest den Tonfall und die Gesten der Liebe. Menschen wie du – Menschen wie du sind lebensgefährlich; man müßte euch einsperren und unschädlich machen. Mutter und Tochter, was für ein schreckliches Konglomerat aus Gefühl, Verwirrung und Zerstörung! Alles ist erlaubt und alles geschieht im Namen der Liebe und Güte. Die Schäden der Mutter erbt die Tochter, für die Enttäuschungen der Mutter kommt die Tochter auf, das Unglück der Mutter muß das Unglück der Tochter werden – es ist, als sei die Nabelschnur niemals durchtrennt worden. Das Unglück der Tochter ist der Triumph der Mutter, die Trauer der Tochter ist die heimliche Freude der Mutter.

HELENA *erwacht von* EVAS *Stimme. Sie hat Angst; Tonfall und Stimmlage erschrecken sie. Sie arbeitet sich aus dem Bett hoch, klettert über das Gitter und gleitet auf den Fußboden; auf Ellbogen und Knien schleppt sie sich zur Tür, fällt auf die Seite, liegt atemlos und zitternd da.*

EVA: Wir lebten von deiner Gnade, von deinen geizigen, schmal bemessenen Liebesbeweisen. Wir glaubten, das Leben müsse so sein. Ein Kind ist allem ausgeliefert, versteht nichts, ist hilflos, kann nichts verstehen, weiß nichts. Niemand sagt etwas; das ist die Abhängigkeit, die Erniedrigung und die Distanz, die unüberwindbare Mauer. Das Kind ruft – niemand antwortet, niemand kommt. Begreifst du das nicht?

CHARLOTTE: Du hast dir in deinem fürchterlichen Haß ein Bild von mir gemacht. Aber ist es wahr? Glaubst du im Ernst, daß das die ganze Wahrheit ist?

EVA *verbirgt ihr Gesicht in den Händen, schüttelt den Kopf.*

CHARLOTTE: Erinnerst du dich an deine Großmutter? Nein, natürlich nicht; du warst ja erst sieben, als sie starb. An Großvater erinnerst du dich sicher besser; ich glaube sogar, ihr habt euch ganz gut verstanden.

EVA: Ich hatte Angst vor Großmutter; sie war so übermächtig, körperlich und geistig. Großvater war lieb.

CHARLOTTE: Ja. So war es für dich.

EVA: Aber nicht für dich?

CHARLOTTE: Nein, das kann man wohl sagen. Mutter und Vater waren glänzende Mathematiker; sie waren besessen von ihrer Wissenschaft und voneinander. Sie waren dominierend, leichtsinnig und lustig. Uns Kinder betrachteten sie mit wohlwollendem Staunen, aber ohne Wärme und wirklichem Interesse. Ich kann mich nicht erinnern, daß auch nur einer von beiden mich oder meine Brüder jemals körperlich berührt hätte, sei es zärtlich, sei es strafend. Ich hatte tatsächlich keine Ahnung von all dem, was Liebe bedeutet: Zärtlichkeit, Berührung, Nähe, Wärme. Nur in der Musik fand ich eine Möglichkeit, meine Gefühle zu äußern. Nachts, wenn ich manchmal wach liege, frage ich mich, ob ich überhaupt gelebt habe. »Was für ein wunderbares Leben Sie doch führen, Frau Andergast«, sagt man zu mir, wenn man mir etwas Nettes sagen will. »Es muß wunderbar sein, Menschen glücklich machen zu können.« Und ich denke: *Ich lebe nicht, ich bin nie geboren worden, ich bin ausgestoßen worden aus dem Körper meiner Mutter. Er schloß sich und wandte sich sofort wieder meinem Vater zu. Ich existiere nicht.* Manchmal frage ich mich, ob das allen Menschen so geht oder ob einige vielleicht eine größere Begabung haben zu leben als andere. Ob einige Menschen vielleicht niemals leben, sondern bloß existieren?

EVA: Wie lange hast du das alles gewußt?

CHARLOTTE: Vor drei Jahren war ich krank. Das weißt du vielleicht nicht. Ich hatte eine Blutvergiftung und lag zwei Monate in einem Krankenhaus in Paris. Leonardo sagte seine Konzerte ab und blieb die ganze Zeit bei mir. Ich wäre fast – ja, ich wäre fast gestorben. Dann dauerte es ziemlich lange, bis – ich litt unter Depressionen oder wie man das nennt.

EVA: Aber Mama, ich hatte keine Ahnung.

CHARLOTTE: Es bestand ja auch keine Notwendigkeit, dich zu beunruhigen. Na ja, wie auch immer – Leonardo und ich fingen an miteinander zu reden; Zeit genug hatten wir ja. Das heißt, Leonardo redete. Ich hörte zu und versuchte zu verstehen. Anfangs war es ziemlich schwierig. Ich kann gewiß sehr gefühlvoll sein, wenn es darauf ankommt. Aber um Gefühle an sich habe ich mich nie gekümmert. *(Seufzt.)* Ich kam mir vor wie ein Abeceschütze – und kein besonders guter. Meistens fand ich, daß Leonardo Unsinn redete; gleichzeitig fand ich es aber schön, ihn auf meiner Bettkante sitzen zu haben. *(Lächelt.)* Er war unendlich geduldig.

Obwohl – ein paarmal hat er wörtlich gesagt, ich sei eine blöde Gans, und es sei überhaupt nicht zu fassen, daß ich trotzdem eine passable Musikerin geworden sei. *(Pause)* Zum Schluß hatte ich doch eine gewisse Vorstellung von mir gewonnen: *Ich bin nie erwachsen geworden; mein Gesicht und mein Körper altern zwar, ich habe gewisse Erinnerungen und Erfahrungen – aber hinter dieser Fassade bin ich wie nie geboren.* *(Pause)* Ich kann mich nicht an Gesichter erinnern, nicht einmal an mein eigenes. Manchmal versuche ich, mich an das Gesicht meiner Mutter zu erinnern. Ich erinnere mich nicht, ich weiß, selbstverständlich, daß sie groß

76

und dunkelhaarig war und daß sie blaue Augen hatte und eine große Nase und einen vollen Mund und eine breite Stirn; aber ich kann diese einzelnen Teile nicht zusammensetzen, ich sehe sie nicht. Genauso ist es mir unmöglich, mich an dein Gesicht oder an Helenas oder an Leonardos Gesicht zu erinnern. Ich erinnere mich, daß ich dich und deine Schwester geboren habe, aber von den Entbindungen weiß ich nur, daß sie weh getan haben – wie das Gefühl des Schmerzes aber wirklich war, daran erinnere ich mich nicht. *(Pause)* Leonardo hat einmal gesagt, daß – nein, ich erinnere mich nicht. »Wirklichkeitsgefühl ist eine Sache der Begabung«, sagte er, »den meisten Menschen fehlt diese Begabung, und vielleicht ist es gut so.« Verstehst du, was er meinte?

EVA: Ich glaube, ja.

CHARLOTTE: Ja, es ist wirklich... *(Verstummt.)*

EVA *(nach einer Pause)*: Was?

CHARLOTTE: Es ist wirklich merkwürdig.

EVA: Merkwürdig?

CHARLOTTE: Ich habe immer Angst vor dir gehabt. *(Erstaunt)*

EVA: Das verstehe ich nicht.

CHARLOTTE *(ruhig, erstaunt)*: Ich wollte immer, daß du dich um mich kümmerst, ich wollte, daß du mich in die Arme nimmst und mich tröstest.

EVA: Ich war doch ein Kind.

CHARLOTTE: Spielt das eine Rolle?

EVA: Nein.

CHARLOTTE: Ich sah, daß du mich liebtest, und ich wollte dich auch lieben, aber ich konnte nicht, weil ich Angst hatte vor deinen Erwartungen.

EVA: Ich hatte keine Erwartungen.

CHARLOTTE: Ich *glaubte,* du hättest Erwartungen, die ich nicht erfüllen könnte. Ich war gehemmt, verkrüppelt. Ich wollte nicht deine Mutter sein, ich wollte, daß du wissen solltest, daß ich genauso hilflos war wie du, aber ärmer, ängstlicher.

EVA: Ist das wahr?

CHARLOTTE: Ich höre mich selbst Dinge sagen, die ich noch nie gesagt habe. Lüge ich, spiele ich Theater, spreche ich die Wahrheit? Ich weiß es nicht, Eva. Ich weiß es nicht. Ich bin aufgeregt und durcheinander. Vielleicht ist es Leonardos Tod. Vielleicht Helenas Krankheit. Vielleicht dein furchtbarer Haß. *(Mit Angst)* Eva, sei gut zu mir! Es tut so weh!

EVA: Ich weiß, daß es weh tut.

CHARLOTTE: Warum siehst du mich so an?

EVA: Das will ich dir sagen.

HELENA *hat mit großer Anstrengung die Tür geöffnet und sich in den oberen Flur geschleppt; sie ist bis zur Treppe gekommen, liegt dort im Dunkeln und horcht auf das Gespräch der beiden Frauen.*

CHARLOTTE: Sag mir, was du denkst.

EVA: Ich denke an Helena und Leonardo.

CHARLOTTE: Ich verstehe nicht.

EVA: Nein?

CHARLOTTE: Sie kannten sich doch kaum.

EVA: Mama!

CHARLOTTE: Wir waren einmal zusammen auf Bornholm, Ostern.

EVA: Nach drei Tagen bist du abgereist.

CHARLOTTE: Ich erinnere mich, daß es regnete. Ich glaube, es hat sogar geschneit.

EVA: Mama!

CHARLOTTE: Ich sollte mit Ansermet Bartóks Erstes in Genf spielen. *(Pause)* Ich wollte rechtzeitig da sein. Ich wollte das Konzert noch einmal in aller Ruhe mit dem alten Herrn durchgehen. Es ist also möglich, daß ich früher abgereist bin. Das Wetter war ja auch schrecklich. *(Lange Pause)* Leonardo hatte schlechte Laune, und du warst auch nicht gerade lustig.

EVA: Mama.

CHARLOTTE: Ich weiß nicht, warum du mich zwingen willst, mich an dieses idiotische Ostern zu erinnern? Ich entnehme ja deinem Tonfall, daß ich mich wegen irgend etwas schämen soll. Du mußt entschuldigen, aber...

EVA: Ihr kamt am Donnerstag, du und Leonardo. Der Abend war wunderbar. Wir machten zusammen Musik und sangen und tranken Wein und lachten und spielten irgendein altes Spiel, das wir in einem Schrank gefunden hatten. Helena war bei uns. Es ging ihr damals noch nicht so schlecht. Sie blühte richtig auf und war glücklich und voller Wärme. Leonardo freute sich, weil sie fröhlich war; er redete und scherzte mit ihr, und sie verliebte sich auf der Stelle in ihn. Bis tief in die Nacht saßen sie zusammen. Am nächsten Morgen erzählte mir Helena im größten Vertrauen, daß Leonardo sie geküßt habe. Am Vormittag machten Leonardo und Helena einen Ausflug mit dem Auto. Das war am Karfreitag. Das Wetter war mild und schön, ein richtiger Frühlingstag. Daß du das vergessen hast, Mama? Sie kamen munter und sonnengebräunt von ihrem Ausflug zurück; du telefoniertest gerade, du hattest schon den ganzen Vormittag telefoniert. Als sie in den Flur kamen und Leonardo Helena auf einen Stuhl gesetzt hatte, unterbrachst du dein Telefongespräch und sagtest: »Jetzt bedank dich aber auch bei Leonardo, daß er so nett zu dir gewesen ist.« Helena lachte und sagte: »Mama spricht mit mir, als ob ich erst acht wäre. Ist das nicht rührend?« Da sagtest du mit einem ganz anderen Ton in der Stimme: »Gut, daß du deinen Sinn für Komik nicht verloren hast.« Dann setztest du dein Telefongespräch fort, als ob nichts gewesen wäre. Am Nachmittag holte Leonardo eine Mozart-Biographie aus seinem Koffer; er las Helena daraus vor, und sie sahen sich gemeinsam die Bilder an. Du übtest mehrere Stunden dein Bartók-Konzert. Gegen vier Uhr kamst du zu mir in die Küche, um dir deinen Tee zu machen. Du sagtest: »Hast du Helena gesehen? Ist das nicht rührend!« Zum Abendessen hatten wir Gäste. Leonardo betrank sich und spielte alle Solosuiten von Bach. Er war völlig verändert, irgendwie größer, schwer und sanft und furchtbar betrunken; er spielte schlecht, aber schön. Helena saß da in der Abenddämmerung und strahlte. Ich habe so etwas nie erlebt. Die Gäste verabschiedeten sich todmüde und etwas melancholisch. Wir beide machten noch einen kurzen Spaziergang im Dunkeln. Du erzähltest ununterbrochen von irgendeiner phantastischen Reise durch Kenia, die du gemacht hattest; ich weiß nicht mehr genau, ich hörte nicht zu, ich dachte nur an die beiden Menschen da zu Hause. Als wir zurückkamen, saßen sie noch genau so, wie wir sie verlassen hatten, jeder in seiner Ecke des Zimmers; das Kaminfeuer und die Kerzen waren fast erloschen. Ich sah, daß Leonardo geweint hatte; er machte nicht den geringsten Versuch, seine Erschütterung zu verbergen. Helena tarnte sich besser; mit ruhiger und gleichgültiger Stimme sprach sie über alles mögliche mit uns. Du gingst schlafen, und ich mußte Leonardo später die Treppe hinaufhelfen. Vor der Tür zu eurem gemeinsamen Schlafzimmer blieben wir stehen; er wandte mir sein Gesicht zu und sah mich an und sagte: »Sieh mal, da ist ein Schmetterling, der gegen das Fenster fliegt.« Als ich zu Helena hinunterkam, saß sie auf ihrem Stuhl vollkommen gerade, vollkommen entspannt, vollkommen ruhig – von ihrer Krankheit war nicht das geringste zu merken. Ich werde ihr Gesicht nie vergessen, Mama, *ich werde ihr Gesicht nie vergessen.* Am nächsten Tag fuhrst du nach Genf, vier Tage früher als geplant. Es herrschte Schneesturm. Der Flug wurde gestrichen, aber du bekamst einen Platz auf der Fähre. Ich fuhr dich zum Hafen. Kurz bevor du an Bord gingst, sagtest du beiläufig: »Ich habe Leonardo gebeten, etwas länger zu bleiben, weil ich sehe, daß es Helena gut tut.« Du lächeltest, und wir umarmten uns. Leonardo wurde plötzlich nervös und unglücklich. Er war zerstreut und unhöflich, hielt sich in seiner Dachkammer auf und arbeitete. Am Ostersonntag war er morgens betrunken und fiel die Treppe hinunter. Das brachte ihn wieder in Stimmung; er machte einen langen Spaziergang durch den Regen, und als er zurückkam, war er nüchtern. Er ging zu Helena und sagte, er müsse in wenigen Stunden abfahren, sie würden sich wiedersehen, und er schenke ihr die Mozart-Biographie zur Erinnerung. Dann rief er in Genf an und telefonierte eine halbe Stunde mit dir. Am selben Abend reiste er mit dem letzten Flugzeug ab. In der Nacht erwachte ich von einem unheimlichen Geräusch. Es war Helena, die weinte. Ich ging zu ihr. Sie klagte über schreckliche Schmerzen in der Hüfte und im rechten Bein. Sie meinte, sie würde es bis zum Morgen nicht aushalten. Ich brachte alles an schmerzstillenden Mitteln, was wir dahatten, aber es half nicht. Morgens um fünf mußte ich den Rettungswagen bestellen.

CHARLOTTE: Es war also meine Schuld, daß Helena krank wurde.

EVA: Ja, ich glaube.

CHARLOTTE: Du meinst also, daß Helenas Krankheit...

EVA: Ja.

CHARLOTTE: Du glaubst doch nicht im Ernst...

EVA *schweigt.*

CHARLOTTE *schweigt, sprachlos.*

EVA: Als Helena ein Jahr war, hast du sie verlassen. Später hast du sie und mich ständig verlassen. Und als Helena ernsthaft erkrankte, hast du sie in ein Heim für unheilbar Kranke gegeben.

CHARLOTTE: Es kann doch nicht wahr sein, daß du...

EVA *(ruhig)*: Was soll nicht wahr sein? Hast du Gegenbeweise, dann laß sie mich hören. Sieh mich an, Mama. Sieh Helena an. Es gibt keine Ausrede, Mama. Es gibt nur die Wahrheit oder Lüge. Es gibt keine Vergebung.

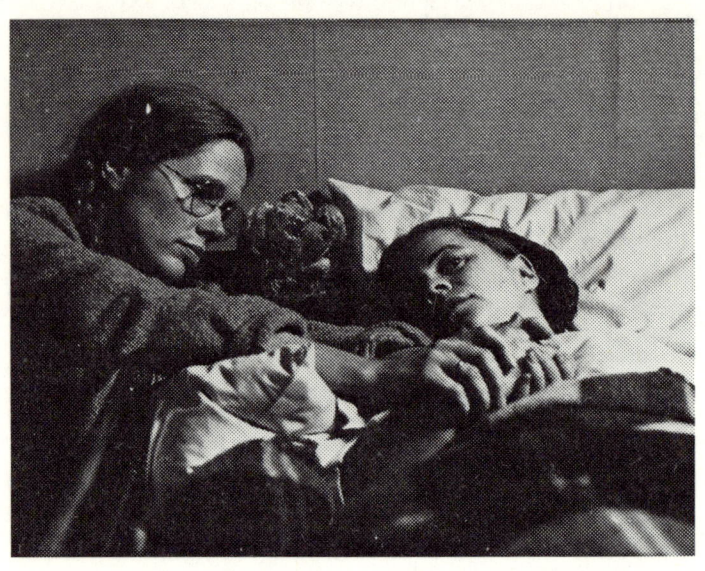

CHARLOTTE: Bewußt habe ich nie...

EVA: Das glaube ich auch nicht.

CHARLOTTE: Dann kannst du mir auch nicht die Schuld geben.

EVA: Für dich soll immer eine Ausnahme gemacht werden. Du hast dir mit dem Leben eine Art Rabattsystem ausgehandelt; aber du mußt endlich *einmal* begreifen, daß deine Übereinkunft einseitig ist. Du mußt endlich einsehen, daß auch du Schuld hast, du wie alle anderen.

CHARLOTTE: Was für Schuld?

EVA: Ich weiß nicht. Schuld.

CHARLOTTE: Unwiderruflich?

EVA *antwortet nicht.*

84

CHARLOTTE: Kannst du nicht zu mir kommen? Kannst du mich nicht in die Arme nehmen? Ich habe so schreckliche Angst. Mein Geliebtes, kannst du mir nicht verzeihen, was ich falsch gemacht habe? Ich will versuchen, mich zu ändern. Du mußt mir helfen. Wir werden miteinander sprechen, viel, oft. Aber hilf mir. Ich ertrage es nicht länger, *dein Haß ist so entsetzlich*. Ja, ich war dumm und selbstsüchtig und kindisch und ängstlich. Faß mich wenigstens an, schlag mich, wenn du willst. Mein Liebes, hilf mir doch!

Durch das stille Haus hört man einen Schrei. Es ist HELENA, *die nach ihrer Mutter ruft. Beide Frauen laufen in den Flur, die dunkle Treppe hinauf.* EVA *ist als erste da, aber die Schwester stößt sie zurück und streckt die Arme nach der Mutter aus, die ihren Kopf in* HELENAS *Schoß preßt.*

16

CHARLOTTE *(telefoniert)*: Paul, entschuldige, mein
Lieber, daß ich so früh anrufe. Ich muß leise
sprechen, damit mich niemand hört. Kannst du
mir bitte einen großen Gefallen tun? Schick mir
von deinem Büro aus ein Telegramm, daß ich
sofort nach Paris oder weiß der Teufel wohin
kommen soll. Hier halte ich es keinen Tag

länger aus, aber ich kann auch nicht einfach abreisen; ich muß einen Grund haben. Laß dir irgend etwas einfallen, mein Bester; du bist doch so ein großer Geschichtenerzähler. Ich muß jetzt aufhören; es wird auch zu teuer. Auf Wiedersehen, mein Lieber, und danke für deine Hilfe.

Sie schleicht vorsichtig in ihr Zimmer und schließt die Tür. EVA *hat das Gespräch heimlich mitangehört.*

17

CHARLOTTE *(im Zug)*: Das ist lieb von dir, Paul, daß du mit mir in die Bretagne fährst. Ich hätte die Einsamkeit nicht ertragen. Ich weiß nicht – ich glaube, ich habe da oben in Bindal einen kleinen Schock bekommen. Wider Erwarten war meine Tochter Helena da, und es ging ihr schlechter denn je. Warum darf sie nicht sterben? Findest du es grausam von mir, wenn ich das sage? Du kennst mich ziemlich gut, oder? Ich habe dich nie enttäuscht, nie ein Konzert abgesagt. Du kannst dich auf mich verlassen, nicht wahr?

EVA *(allein)*: Man muß sich selbst trösten, man kann sich nicht darauf verlassen, daß jemand da ist, wenn es einem schlechtgeht. Eher umgekehrt: Man muß fast immer leise weinen, damit einen niemand hört.

CHARLOTTE *(im Zug)*: Sag mal, Paul – nein, du darfst jetzt nicht schlafen! Die Kritiker behaupten doch immer, ich sei eine großzügige Musikerin. Niemand spiele Schumanns Klavierkonzert mit größerer Wärme als ich. Oder die große Brahms-Sonate. Ich geize nicht mit mir.

Oder doch? Alle diese idiotischen Gedanken,
die mir plötzlich durch den Kopf schießen.
Paul, du stimmst mir doch nicht etwa zu, weil
es bequemer ist, als mir zu widersprechen?

EVA *(allein)*: Arme kleine Mama, sie ist so Hals
über Kopf abgefahren. Sie sah so ängstlich aus
und plötzlich so alt und müde, und ihr Gesicht
war ganz klein geworden, und die Nase war rot
vom Weinen. Jetzt sehe ich sie nie wieder; ich
habe sie verjagt.

CHARLOTTE *(im Zug)*: Paul! Siehst du das kleine
Dorf? In den Häusern brennt schon Licht; die
Leute sind bei ihren Abendvorbereitungen. Je-
mand macht Essen, die Kinder lernen ihre

Schulaufgaben. Ich fühle mich so ausgeschlossen; ich sehne mich immer nach Hause, aber wenn ich nach Hause komme, weiß ich, daß es etwas anderes sein muß, nach dem ich mich sehne.

EVA *(allein)*: Jetzt ist es gleich dunkel, und es wird kalt; ich muß nach Hause und für Viktor und Helena das Abendessen machen. Ich kann nicht einfach sterben. Ich habe Angst davor, Selbstmord zu begehen. Vielleicht braucht Gott mich eines Tages; dann wird er mich aus meinem Gefängnis erlösen. Ich muß bereit sein.

CHARLOTTE *(im Zug)*: Weißt du, Paul, meine Tochter Helena hat schöne Augen, ganz klare, reine Augen; es sind Josefs Augen. Und wenn ich ihren Kopf halte, kann sie mich erkennen. Begreifst du, wie sie das Leben mit diesem Leiden aushält? Mein Leben war im Grunde wunderschön. Aber *ihr* Leben? Mir geht es gut; ich bin zwar etwas melancholisch, das kann ich nicht leugnen, aber gleichzeitig fühle ich mich gut. Ich pfeife auf irgendwelche Selbsterkenntnis, ich lebe auch ohne sie.

EVA *(hält inne)*: Streichelst du mein Gesicht? Flüsterst du mir ins Ohr? Bist du jetzt bei mir? Wir werden uns nie verlassen, du und ich.

CHARLOTTE *(lächelt)*: Du bist lieb, Paul. Was würde ich ohne dich machen? Und was würdest du ohne mich machen? Du weißt ja selbst, wie ermüdend es ist, mit deinen ewig unzufriedenen Geigern. Und dieses schreckliche Quietschen, wenn sie üben.

EVA: In Helenas Zimmer ist Licht. Viktor ist bei ihr; das ist gut. Er ist so lieb; er erklärt ihr, warum Mama weggefahren ist.

18

VIKTOR: Helena, ich muß dir etwas sagen. Charlotte ist heute vormittag weggefahren. Wir
wollten dich nicht wecken; du hast so tief ge-
schlafen mit den Schlaftabletten, und die Nacht
war ja auch ziemlich anstrengend. Deshalb
wollten wir dich, wie gesagt, nicht wecken.

HELENA *sagt etwas.*

VIKTOR: Deine Mutter läßt dich grüßen. Sie war
traurig und ängstlich; sie hatte geweint.

HELENA *sagt etwas.*

VIKTOR: Eva ist draußen und macht in der Däm-
merung einen Spaziergang. Sie ist ganz ruhig
und ausgeglichen; ich glaube, sie war froh
darüber, daß Charlotte abgereist ist.

HELENA *sagt etwas.*

VIKTOR: Das weiß ich nicht, liebe Helena. Eva hat
sich so sehr auf ihre Mutter gefreut. Sie hat sich
zu viel erwartet; ich habe es nicht übers Herz
gebracht, sie zu warnen. Und so ist es schiefge-
gangen.

HELENA *sagt etwas mit großer Anstrengung.*

VIKTOR: Ich weiß nicht, was du meinst.

HELENA *zittert, wiederholt ihre Frage.*

VIKTOR: Du willst – was willst du?

HELENA *wiederholt es, immer erregter.*

VIKTOR: Du mußt versuchen, ganz ruhig zu
sprechen, liebe Helena; sonst verstehe ich dich
nicht.

HELENA *fängt an zu schreien. Sie wird von immer
stärkeren Krämpfen geschüttelt; zwischen ihren
Schreien hört man einzelne Satzfetzen. Sie beißt
sich die Lippen blutig, die Augen flehentlich
erhoben.*

VIKTOR: Eva! Komm schnell, Helena hat einen
Anfall. Schnell!

HELENA *schreit immer gellender, immer un-menschlicher. Sie wirft sich mit Gewalt auf dem Stuhl zurück. Er fällt um, und sie stürzt zu Boden. Der Körper zieht sich zusammen, die Arme drehen sich nach außen, weißer Schaum und Blut treten ihr vor den Mund. Vergeblich versuchen* VIKTOR *und* EVA, *sie zu beruhigen und ihr die Medizin zwischen die fest zusammengebissenen Zähne zu pressen.*

Epilog

VIKTOR: Manchmal stehe ich hier draußen und betrachte meine Frau, ohne daß sie es weiß. Es geht ihr schlecht. Die letzten Nächte waren schrecklich; sie konnte nicht schlafen. Sie sagt, sie kann es sich nie verzeihen, daß sie ihre Mutter weggejagt hat. Wenn ich nur mit ihr sprechen könnte! Aber es kommen immer nur schöne Worte, hohle Phrasen. Ich muß dastehen und zusehen, wie sie leidet, und ich kann ihr nicht helfen.

EVA: Gehst du weg?

VIKTOR: Ich will nur zur Post und ein Päckchen mit Büchern abholen.

EVA: Würdest du bitte diesen Brief mitnehmen.

VIKTOR: Natürlich. Oh, an Charlotte!

EVA: Du kannst ihn gern lesen, wenn du willst. Ich gehe einen Augenblick zu Lena.

VIKTOR *(liest): »Ich weiß jetzt, daß ich Dir Unrecht getan habe.* Ich stellte Forderungen an Dich, statt Dir mit Zärtlichkeit zu begegnen. Ich quälte Dich mit einem alten, säuerlichen Haß, der gar nicht mehr bestand. Ich habe Dir die ganze Zeit Unrecht getan, und ich bitte Dich, daß Du mir verzeihst. Helena hatte viel mehr Einsicht als ich. Sie gab, wenn ich forderte. Sie näherte sich Dir, wenn ich mich zurückzog. Plötzlich wußte ich, daß ich für Dich dasein muß, daß das Vergangene Vergangenheit ist, daß ich Dich nie mehr loslassen werde. Ja, ich werde Dich nie mehr allein lassen. Ich weiß nicht, ob Du diesen Brief je bekommst. Ich weiß nicht einmal, ob Du ihn liest. Vielleicht ist alles zu spät. *Trotzdem* hoffe ich, daß meine Einsicht nicht sinnlos ist. Es gibt eine Art Gnade. Ich meine die wunderbare Möglichkeit, füreinander dazusein, sich gegenseitig zu helfen, sich zu lieben. Du verstehst, daß ich Dich von nun an nie mehr gehen oder einfach aus meinem Leben verschwinden lasse. Ich bin hartnäckig! Ich gebe nicht auf, selbst wenn es zu spät sein sollte. Ich glaube nicht, daß es zu spät ist. Es darf nicht zu spät sein.«

Fårö, Mittwoch, den 27. Juli 1977